1000
Ideas of Color Design
配色デザインのアイデア 1000

Gourmet, Beauty, Fashion, Interior, Zakka, Business, Creative, School, Medical, Sports, Outdoor, Cinema, Music, Game

Design by Kouhei Sugie, Kumiko Tanaka, Hiroshi Hara, Akiko Hayashi, Junya Yamada

杉江耕平、田中クミコ、ハラヒロシ、ハヤシアキコ、ヤマダジュンヤ著

SE SHOEISHA
Published by SHOEISHA CO.,LTD.
WWW.SHOEISHA.CO.JP

本書内容に関するお問い合わせについて

このたびは翔泳社の書籍をお買い上げいただき、誠にありがとうございます。弊社では、読者の皆様からのお問い合わせに適切に対応させていただくため、以下のガイドラインへのご協力をお願い致しております。下記項目をお読みいただき、手順に従ってお問い合わせください。

ご質問される前に

弊社Webサイトの「正誤表」や「出版物Q&A」をご確認ください。これまでに判明した正誤や追加情報、過去のお問い合わせへの回答（FAQ）、的確なお問い合わせ方法などが掲載されています。

　正誤表　　　　　http://www.seshop.com/book/errata/
　出版物Q&A　　　http://www.seshop.com/book/qa/

お読みいただき、手順に従ってお問い合わせください。

回答について

回答は、ご質問いただいた手段によってご返事申し上げます。ご質問の内容によっては、回答に数日ないしはそれ以上の期間を要する場合があります。

ご質問に際してのご注意

本書の対象を越えるもの、記述個所を特定されないもの、また読者固有の環境に起因するご質問等にはお答えできませんので、あらかじめご了承ください。

ご質問方法

弊社Webサイトの書籍専用質問フォーム（http://www.seshop.com/book/qa/）をご利用ください（お電話や電子メールによるお問い合わせについては、原則としてお受けしておりません）。

＊質問専用シートのお取り寄せについて

Webサイトにアクセスする手段をお持ちでない方は、ご氏名、ご送付先（ご住所／郵便番号／電話番号またはFAX番号／電子メールアドレス）および「質問専用シート送付希望」と明記のうえ、電子メール（qaform@shoeisha.com）、FAX、郵便（80円切手をご同封願います）のいずれかにて"編集部読者サポート係"までお申し込みください。お申し込みの手段によって、折り返し質問シートをお送りいたします。シートに必要事項を漏れなく記入し、"編集部読者サポート係"までFAXまたは郵便にてご返送ください。

郵便物送付先およびFAX番号　　送付先住所　〒160-0006 東京都新宿区舟町5
　　　　　　　　　　　　　　　FAX番号　　03-5362-3818
　　　　　　　　　　　　　　　宛　　先　　（株）翔泳社 編集部読者サポート係

※本書に記載されたURL等は予告なく変更される場合があります。
※本書の出版にあたっては正確な記述につとめましたが、著者や出版社などのいずれも、本書の内容に対してなんらかの保証をするものではなく、内容やサンプルに基づくいかなる運用結果に関してもいっさいの責任を負いません。
※本書に記載されている会社名、製品名はそれぞれ各社の商標および登録商標です。なお、本書では™、®、©、は割愛させていただいております。

はじめに

　デザインを行う上で、配色はイメージを大きく左右するとても重要な要素です。適した配色を見つけ出すことは容易ではなく、デザイン作業の中で非常に悩ましい工程でもあります。実際に配色作業をしてみると、うまくまとめられなかったり、良い配色が思い浮かばないといった経験があると思います。そういった中で、「テーマに合った配色を知りたい」、「配色のパターンをもっと知りたい」といった要望は多いのではないでしょうか。

　本書は、そのような要望に応えるために、さまざまなジャンルに対応した配色を掲載したアイデアブックです。5人のデザイナーが分担して約1000個のデザインサンプルを作成しました。ひとつのページには、汎用性の高いデザインの骨組みと、それを使用した8～12の配色パターンを掲載していますので、使う方が自在に応用することができます。本書のデザインサンプルは、実際のデザインの現場で、デザイナーが依頼を受ける頻度の高い業種、職種をセレクトし、パンフレット、チラシ、ロゴ、名刺、Webなどのさまざまなジャンルの媒体を網羅しています。

　そのジャンルの定番配色はもちろん、ひねりを加えた配色や、新しいアプローチの配色も掲載していますので、デザインを始めたばかりの方はもちろん、ステップアップしたい中級者の方や、配色がマンネリ化している方に非常に役立つ1冊となっています。

　配色には無限のパターンがあり、色の組み合わせ次第で、デザインの印象を大きく変えることができます。たったひとつの色がデザインを引き締めることもあれば、台無しにしてしまうこともあるのです。そのためにさまざまなルールやセオリーが存在し、目的や用途に合った配色が存在します。しかしそれらに縛られすぎると、デザインの個性が乏しくなってしまいます。かといって意図的にセオリーから大きく逸脱することはリスクもともないます。セオリーを踏襲した上で、オリジナリティを意識することが、ステップアップにつながるのではないのでしょうか。

　本書が皆様のデザインワークにお役に立てることを、切に願っております。

著者を代表して　ヤマダジュンヤ

Contents

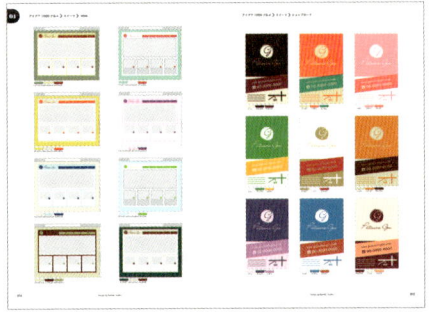

問い合わせ……………………2
はじめに………………………3
著者プロフィール……………143

01 グルメ

カフェ
> ロゴ………………………8
> ポスター・チラシ…………9
> Web………………………10
> メニュー…………………11

スイーツ
> ロゴ………………………12
> ポスター・チラシ…………13
> Web………………………14
> ショップカード……………15

イタリアン
> ポスター・チラシ…………16
> Web………………………17

フレンチ
> ポスター・チラシ…………18
> Web………………………19

和食
> ロゴ………………………20
> ポスター・チラシ…………21
> Web………………………22
> ショップカード……………23

中華
> ポスター・チラシ…………24
> Web………………………25

エスニック
> ポスター・チラシ…………26
> Web………………………27

ワイン・バー
> ポスター・チラシ…………28
> Web………………………29

居酒屋
> ポスター・チラシ…………30
> Web………………………31

※Webの配色はRGB値、そのほかはCMYK値であらわしています。

02 ビューティ

美容室	﹥ロゴ	32
	﹥ポスター・チラシ	33
	﹥Web	34
	﹥DMカード	35
エステ	﹥ロゴ	36
	﹥ポスター・チラシ	37
	﹥Web	38
	﹥DMカード	39
コスメ	﹥ポスター・チラシ	40
	﹥Web	41
	﹥ロゴ	42
	﹥パッケージ	43
ウエディング	﹥ポスター・チラシ	44
	﹥Web	45
	﹥ご招待カード	46

03 ファッション

カジュアル系	﹥ポスター・チラシ・DM	48
	﹥ロゴ	49
ギャル系	﹥ポスター・チラシ・DM	50
	﹥ロゴ	51
エレガンス系	﹥ポスター・チラシ・DM	52
	﹥ロゴ	53
ナチュラル系	﹥ポスター・チラシ・DM	54
	﹥ロゴ	55
セレクトショップ	﹥ポスター・チラシ・DM	56
	﹥ロゴ	57
メンズ	﹥ポスター・チラシ・DM	58
	﹥ロゴ	59
シニア	﹥ポスター・チラシ・DM	60
	﹥ロゴ	61
ジュエリー	﹥ポスター・チラシ・DM	62
	﹥ロゴ	63
ベビー	﹥ポスター・チラシ・DM	64
	﹥ロゴ	65
キッズ	﹥ポスター・チラシ・DM	66
	﹥ロゴ	67

04 インテリア・雑貨

アンティーク系
- ロゴ ……………………… 68
- ポスター・チラシ・DM …… 69
- Web ……………………… 70
- ショップカード …………… 71

ナチュラル系
- ロゴ ……………………… 72
- ポスター・チラシ・DM …… 73
- Web ……………………… 74
- ショップカード …………… 75

北欧系
- ロゴ ……………………… 76
- ポスター・チラシ・DM …… 77
- Web ……………………… 78
- ショップカード …………… 79

60年代系
- ロゴ ……………………… 80
- ポスター・チラシ・DM …… 81
- Web ……………………… 82
- ショップカード …………… 83

05 ビジネス・クリエイティブ

ビジネス全般
- ロゴ ……………………… 84
- Web ……………………… 86
- 企業パンフレット ………… 88
- 名刺 ……………………… 90

デザイン系
- ロゴ ……………………… 92
- Web ……………………… 96
- 名刺 ……………………… 98

06 学校・医療

学校
- 学校パンフ ……………… 100
- Web ……………………… 101

塾
- チラシ …………………… 102
- Web ……………………… 103

病院
- パンフ …………………… 104
- Web ……………………… 105

介護施設
- パンフ …………………… 106
- Web ……………………… 107

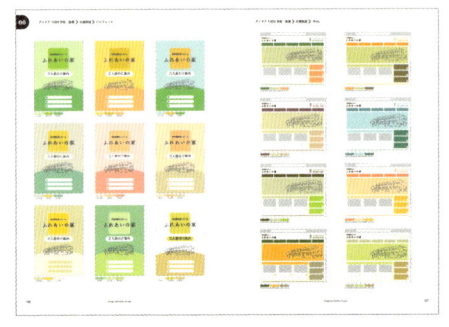

07 スポーツ・アウトドア

スポーツショップ	〉ロゴ	108
	〉ポスター・チラシ・DM	109
	〉Web	110
	〉ショップカード	111
アウトドア系ショップ	〉ロゴ	112
	〉ポスター・チラシ・DM	113
	〉Web	114
	〉ショップカード	115
クルマ	〉ロゴ	116
	〉ポスター・チラシ	117
	〉Web	118
	〉DMカード	119

08 映画・音楽・ゲーム

ロック＆ポップス	〉ポスター・フライヤー	120
	〉CDジャケット	122
クラブ・ダンス	〉ポスター・フライヤー	124
	〉CDジャケット	125
ワールド・レゲエ	〉ポスター・フライヤー	126
	〉CDジャケット	127
ジャス	〉ポスター・フライヤー	128
	〉CDジャケット	129
クラシック	〉ポスター・フライヤー	130
	〉CDジャケット	131
恋愛映画	〉ポスター・フライヤー	132
	〉Web	133
アクション映画	〉ポスター・フライヤー	134
	〉Web	135
SF映画	〉ポスター・フライヤー	136
ホラー映画	〉ポスター・フライヤー	137
アニメ	〉Web	138
ゲーム	〉Web	139
アートイベント	〉ポスター・フライヤー	140
	〉DMカード	141
	〉Web	142

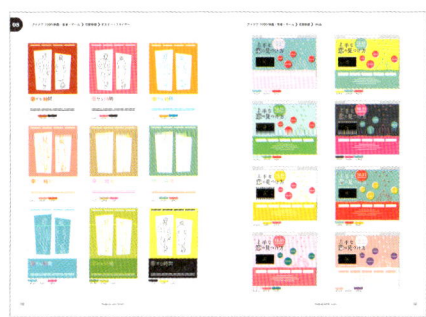

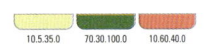

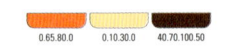

01 アイデア 1000 グルメ > カフェ > ロゴ

CAFE kitchen

0.0.25.10 0.35.35.80 0.25.60.20

CAFE kitchen
10.5.25.0 20.0.80.15 60.80.80.10

CAFE kitchen
0.0.10.15 0.0.0.85 10.85.85.0

CAFE kitchen
10.5.35.0 70.30.100.0 10.60.40.0

CAFE kitchen
10.25.50.20 0.35.35.80 0.0.15.10

CAFE kitchen
0.0.25.10 85.45.50.35 80.85.100.0

CAFE kitchen
0.0.25.10 15.30.75.0 25.65.100.0

CAFE kitchen
0.65.80.0 0.10.30.0 40.70.100.50

CAFE kitchen
0.0.20.10 60.0.35.0 0.70.50.0

Design by Kumiko Tanaka

008

アイデア1000 グルメ 〉 カフェ 〉 ポスター・チラシ

Design by Kumiko Tanaka

01 アイデア 1000 グルメ ▶ カフェ ▶ Web

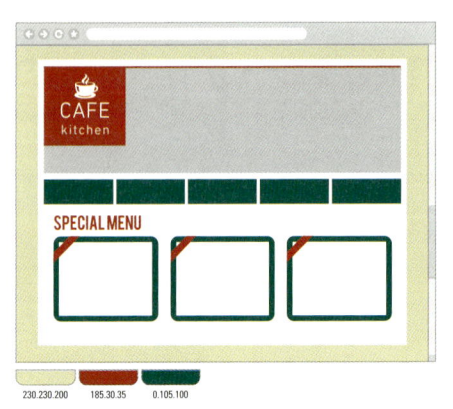

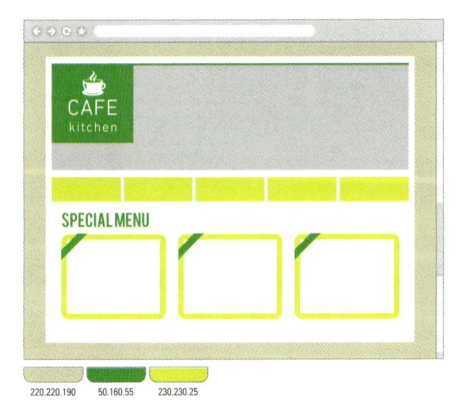

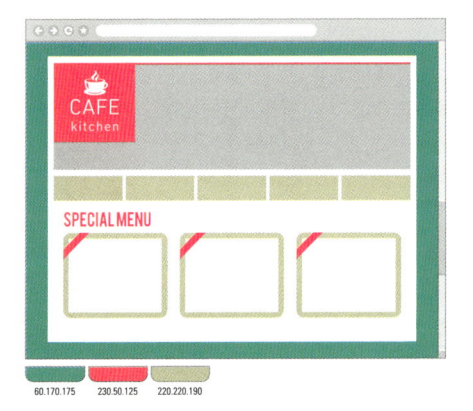

010 Design by Kumiko Tanaka

アイデア 1000 グルメ ＞ カフェ ＞ メニュー

Design by Kumiko Tanaka

01 アイデア 1000 グルメ ＞ スイーツ ＞ ロゴ

Pâtisserie Gen 15.30.60.0 / 0.0.15.0 / 75.100.85.0	Pâtisserie Gen 65.45.60.0 / 5.5.15.0 / 55.100.80.0	Pâtisserie Gen 10.15.80.0 / 0.0.20.0 / 0.70.80.0
Pâtisserie Gen 25.40.85.0 / 0.5.20.0 / 30.100.100.0	Pâtisserie Gen 40.0.30.0 / 5.0.20.0 / 75.75.30.0	Pâtisserie Gen 30.30.40.0 / 5.5.15.0 / 80.85.75.0
Pâtisserie Gen 0.50.15.0 / 0.5.10.0 / 10.100.30.0	Pâtisserie Gen 0.0.50.30 / 70.80.100.0 / 0.0.10.0	Pâtisserie Gen 15.10.75.0 / 0.0.20.0 / 50.0.100.0
Pâtisserie Gen 90.50.20.0 / 0.0.0.0 / 60.15.0.0	Pâtisserie Gen 45.10.10.0 / 0.5.0.0 / 10.80.0.0	Pâtisserie Gen 10.85.100.0 / 0.0.0.0 / 100.50.0.0

Design by Kumiko Tanaka

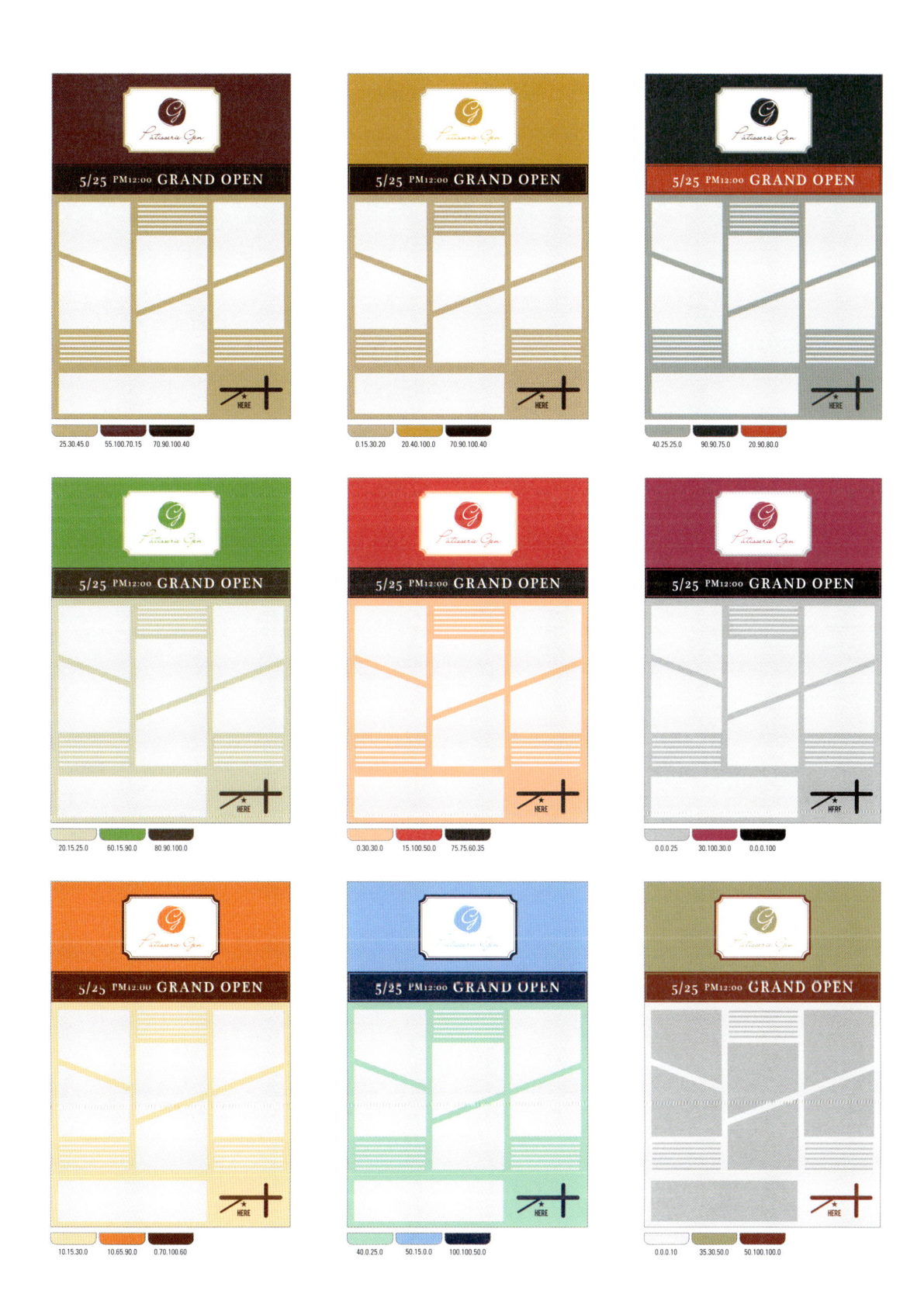

アイデア1000 グルメ ❯ スイーツ ❯ ポスター・チラシ

Design by Kumiko Tanaka

01 アイデア 1000 グルメ ❯ スイーツ ❯ Web

145.160.135　240.235.185　175.20.25

165.215.200　255.255.255　215.55.80

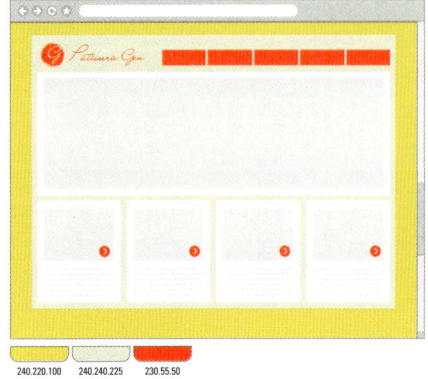

240.220.100　240.240.225　230.55.50

255.255.255　250.220.235　145.65.140

250.245.230　200.230.235　0.80.140

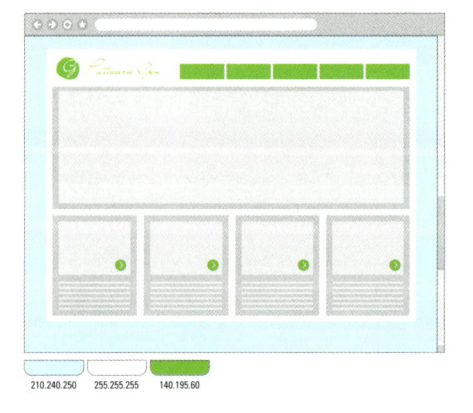

210.240.250　255.255.255　140.195.60

240.235.205　115.45.0　200.200.130

0.80.70　240.240.225　130.55.30

014　Design by Kumiko Tanaka

アイデア 1000 グルメ ❯ スイーツ ❯ ショップカード

Design by Kumiko Tanaka

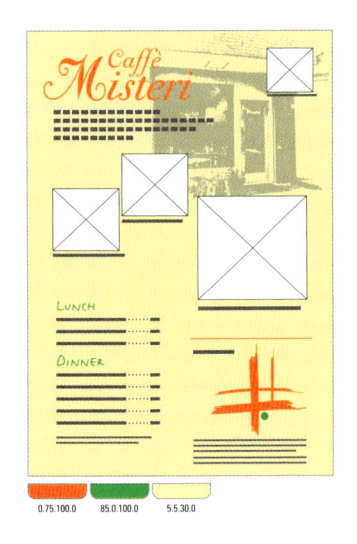

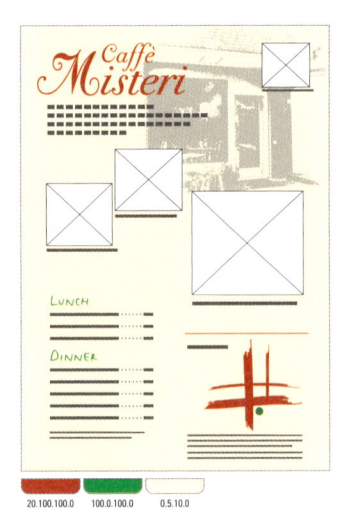

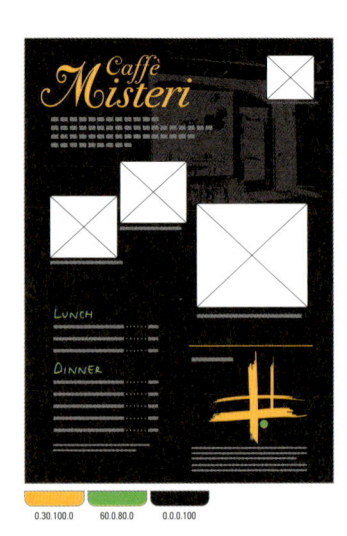

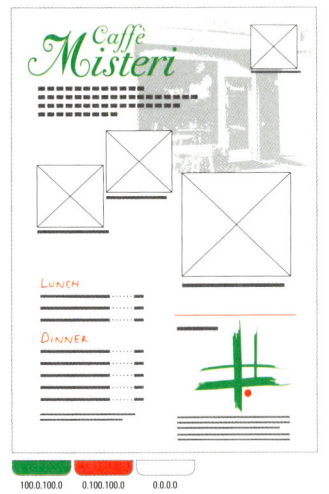

01 | アイデア1000 グルメ 〉 イタリアン 〉 ポスター・チラシ

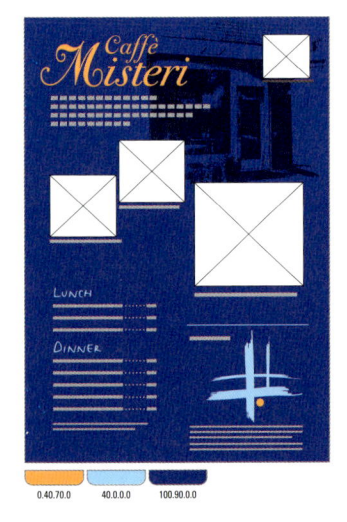

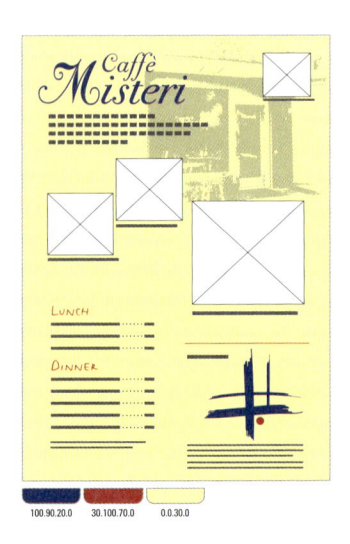

016　Design by Akiko Hayashi

アイデア1000 グルメ 〉 イタリアン 〉 Web

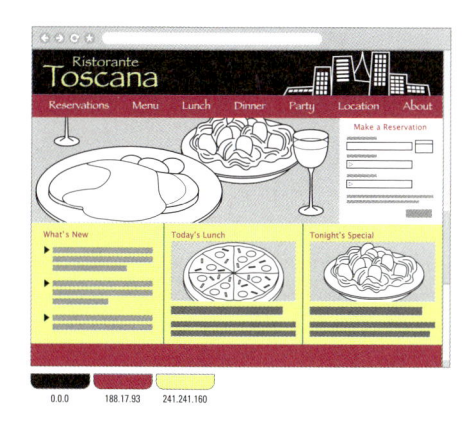

Design by Akiko Hayashi

017

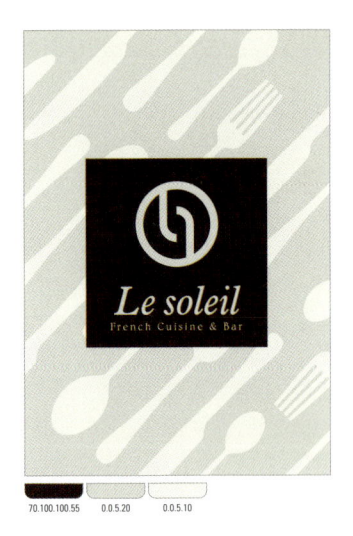

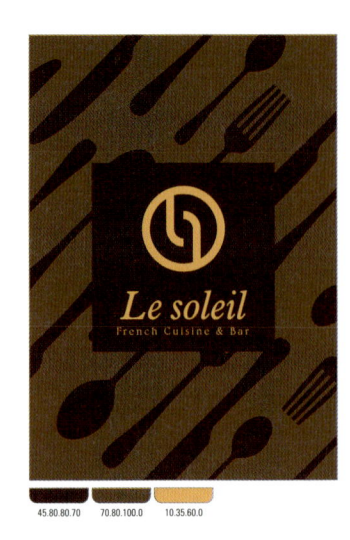

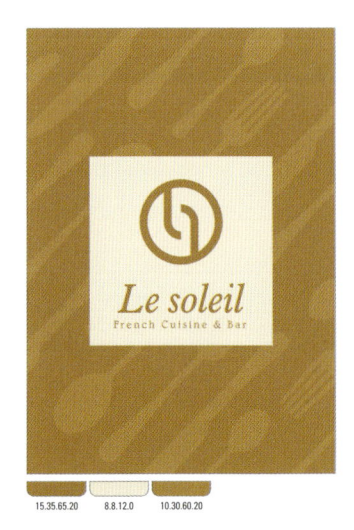

01 アイデア1000 グルメ ＞ フレンチ ＞ ポスター・チラシ

アイデア 1000 グルメ 〉 フレンチ 〉 Web

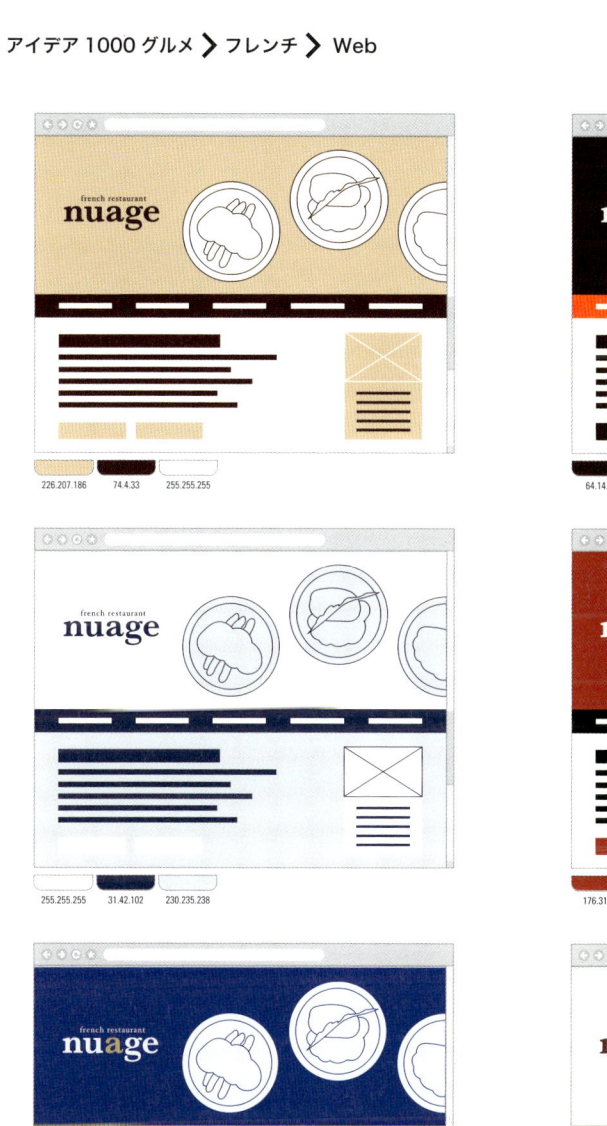

Design by Junya Yamada

01 アイデア1000 グルメ 〉 和食 〉 ロゴ

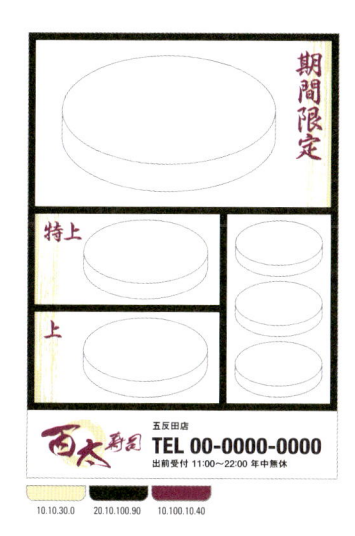

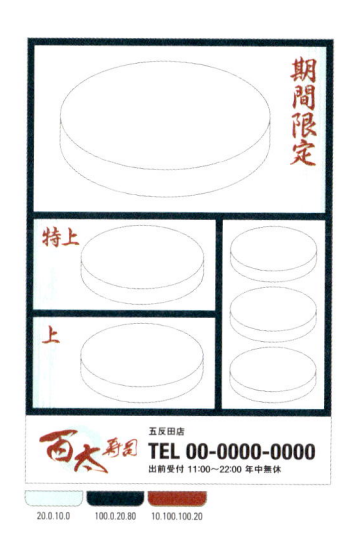

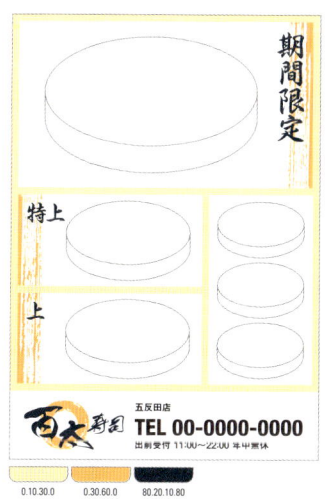

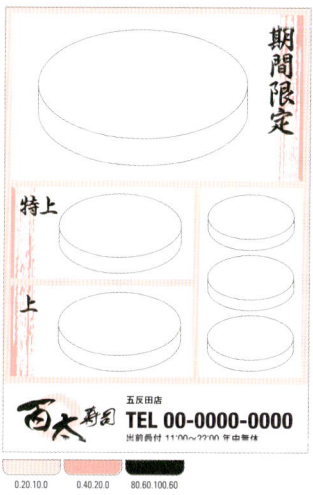

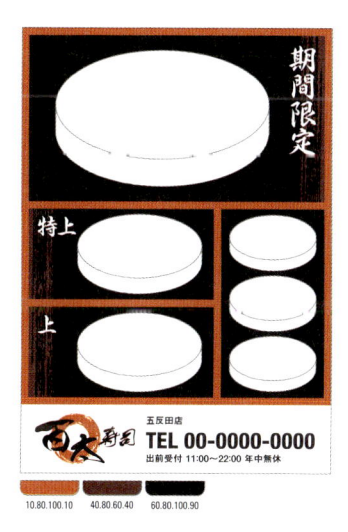

アイデア1000 グルメ 〉 和食 〉 ポスター・チラシ

021

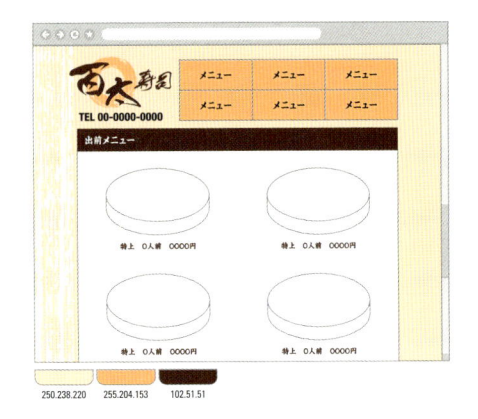

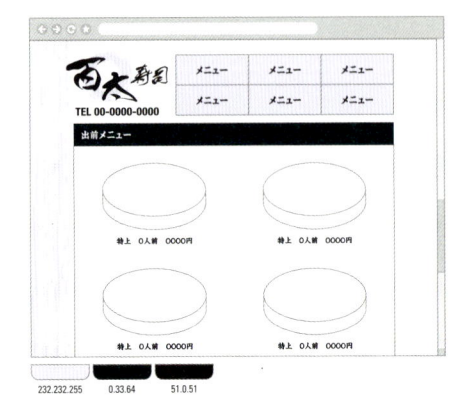

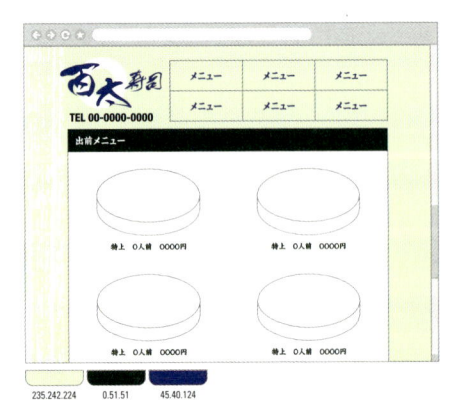

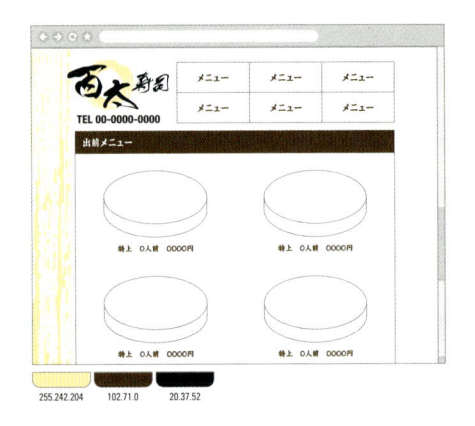

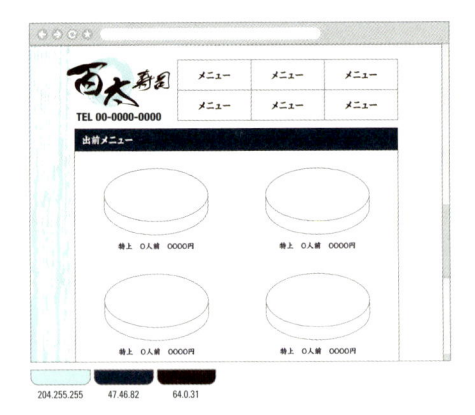

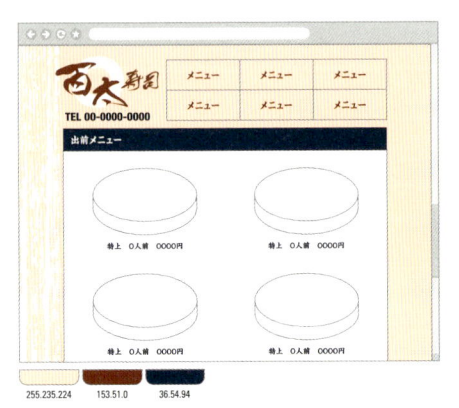

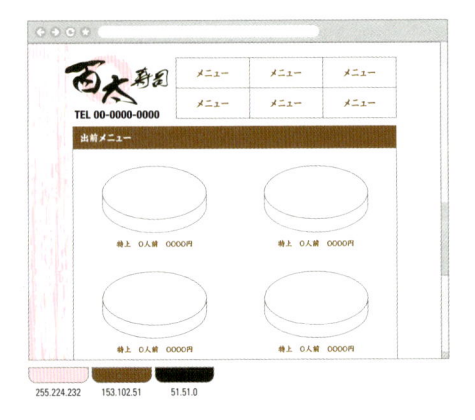

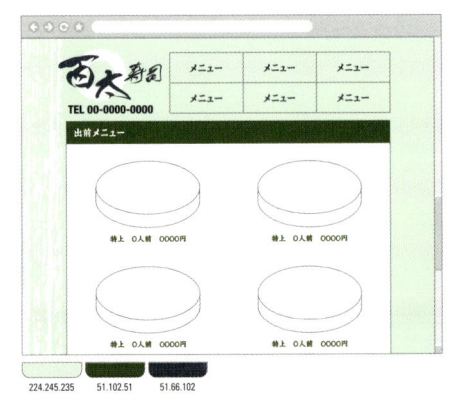

01 アイデア 1000 グルメ 〉 和食 〉 Web

Design by Kouhei Sugie

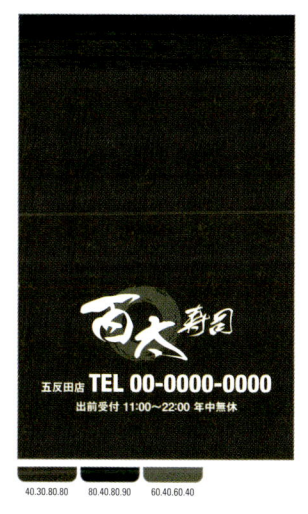

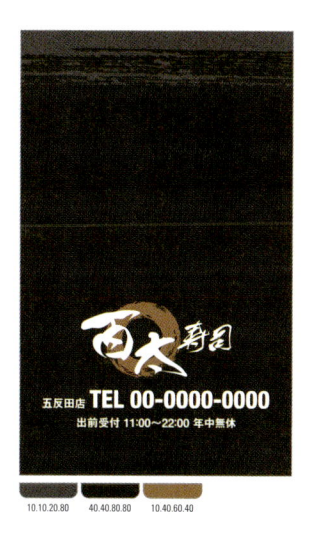

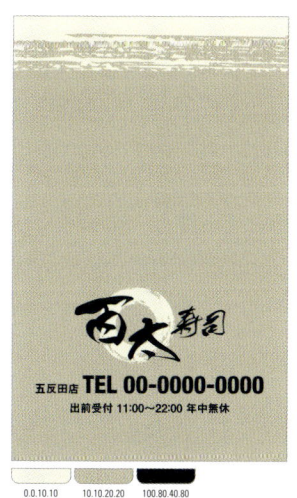

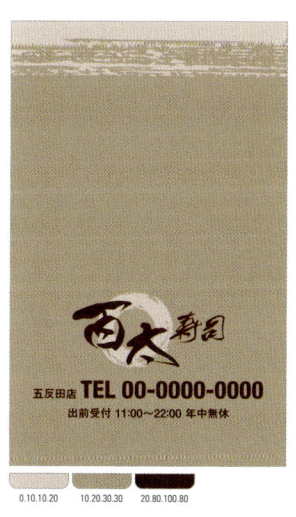

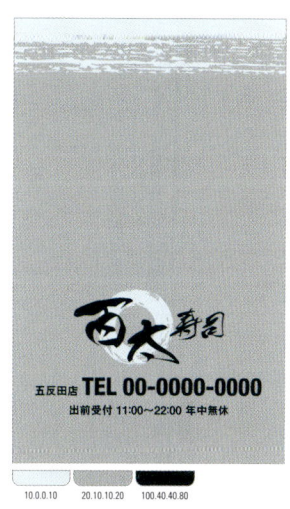

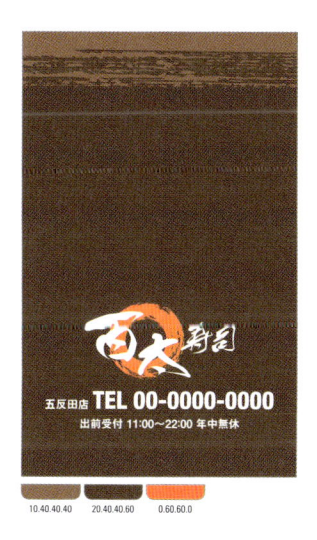

アイデア1000 グルメ 〉 和食 〉 ショップカード

Design by Kouhei Sugie

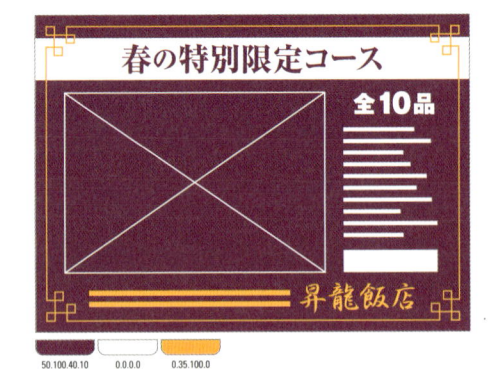

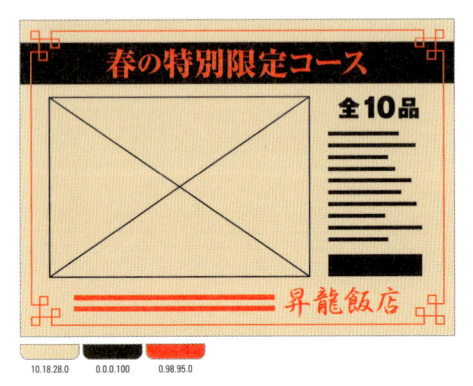

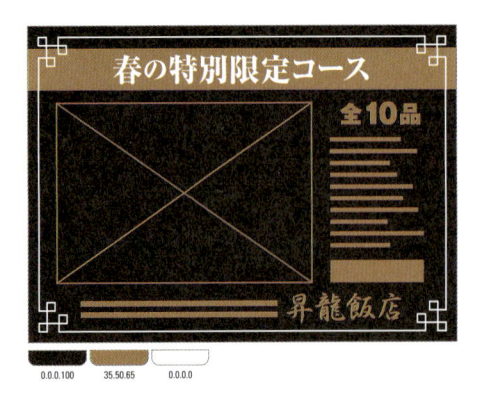

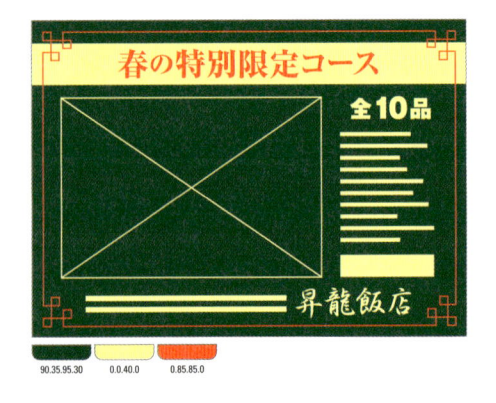

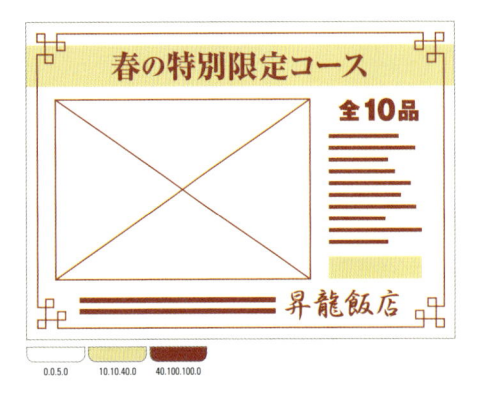

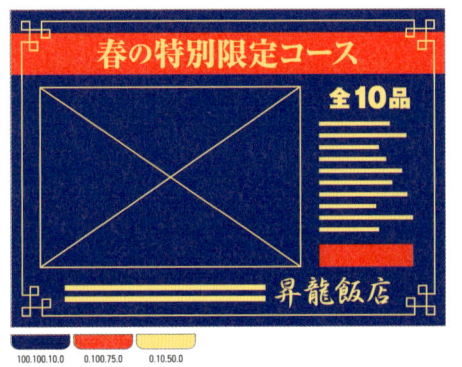

アイデア 1000 グルメ ＞ 中華 ＞ ポスター・チラシ

アイデア 1000 グルメ 〉 中華 〉 Web

176.31.36　207.183.96　231.235.220

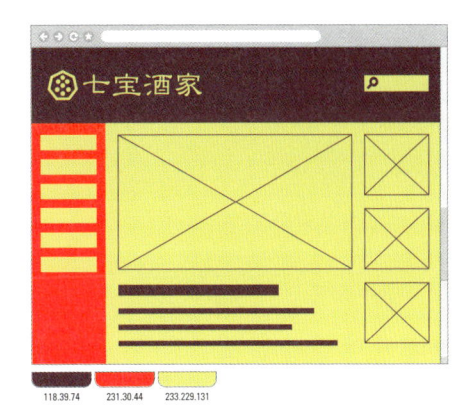

118.39.74　231.30.44　233.229.131

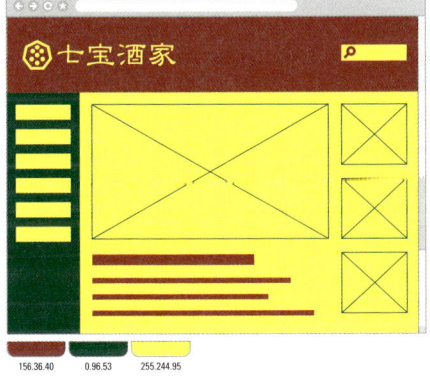

156.36.40　0.96.53　255.244.95

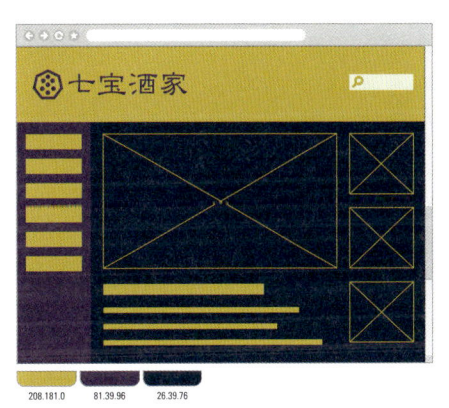

208.181.0　81.39.96　26.39.76

0.60.108　248.245.176　241.186.0

247.242.222　233.72.19　133.203.191

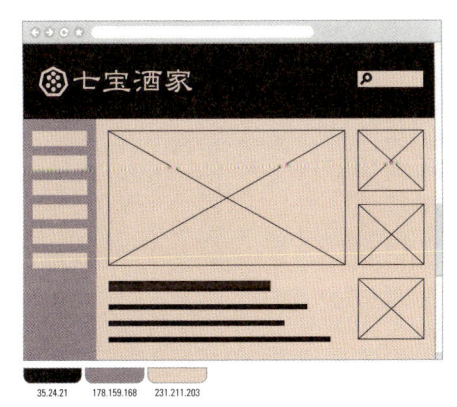

35.24.21　178.159.268　231.211.203

206.165.69　35.24.21　216.12.24

Design by Junya Yamada

01 | アイデア 1000 グルメ ＞ エスニック ＞ ポスター・チラシ

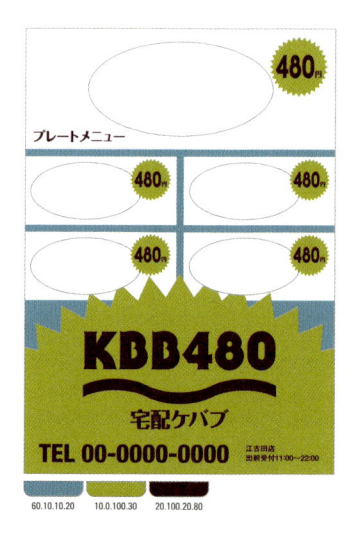

アイデア 1000 グルメ ＞ エスニック ＞ Web

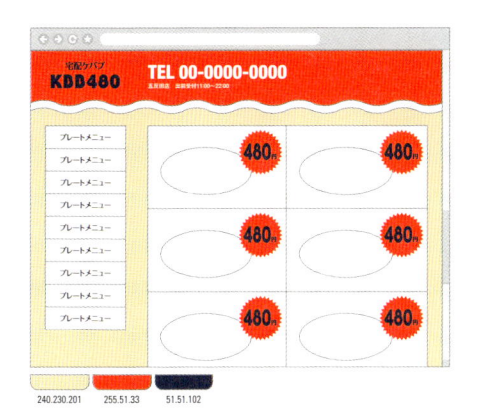

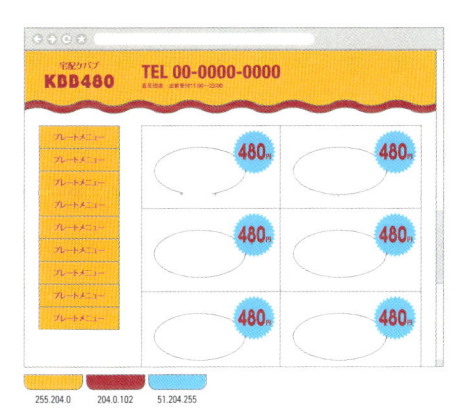

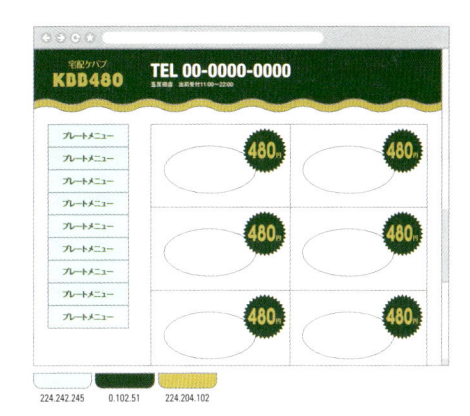

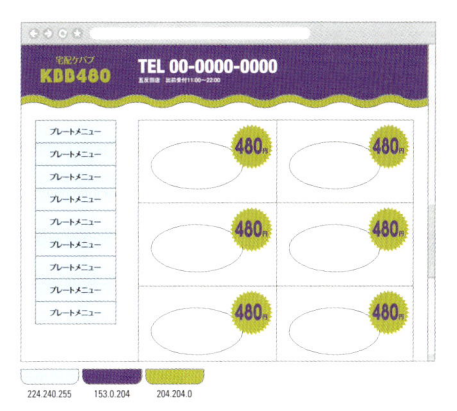

Design by Kouhei Sugie

01 アイデア 1000 グルメ ▶ ワイン・バー ▶ ポスター・チラシ

Design by Kumiko Tanaka

アイデア 1000 グルメ ❯ ワイン・バー ❯ Web

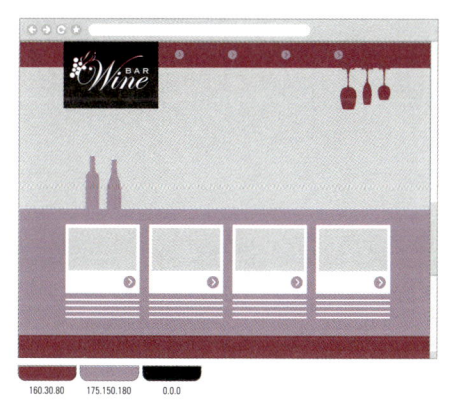

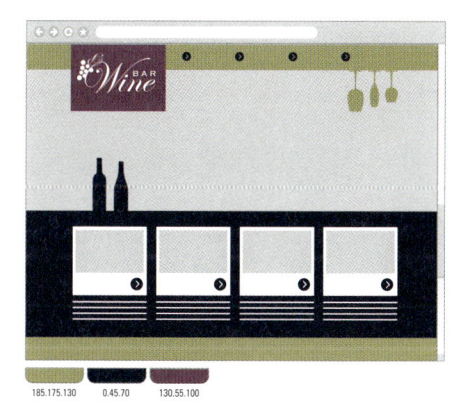

100.40.85　170.155.175　100.15.40	0.60.80　170.150.110　120.40.65
160.30.80　175.150.180　0.0.0	255.255.255　0.0.0　120.40.80
185.175.130　0.45.70　130.55.100	95.70.120　180.180.155　185.25.50
0.0.0　80.115.105　175.20.95	90.75.60　200.200.155　185.30.50

Design by Kumiko Tanaka

029

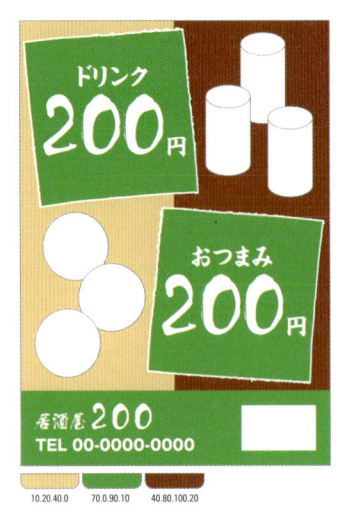

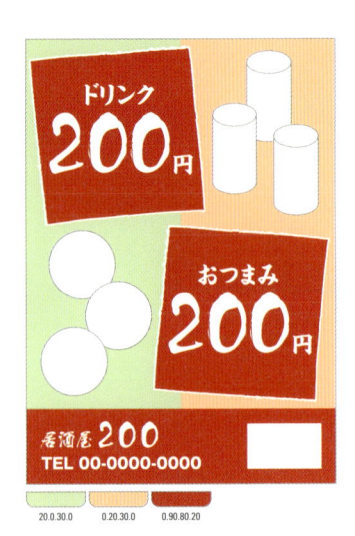

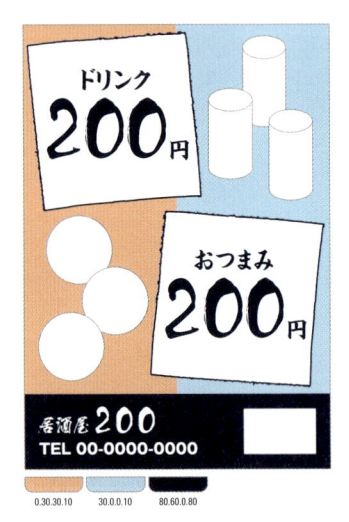

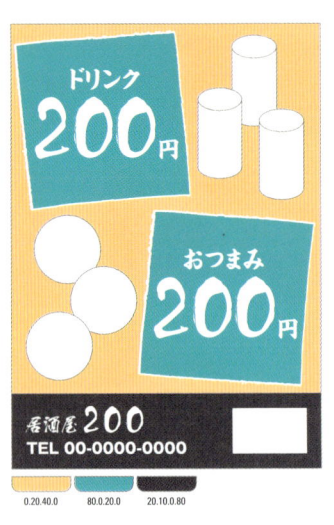

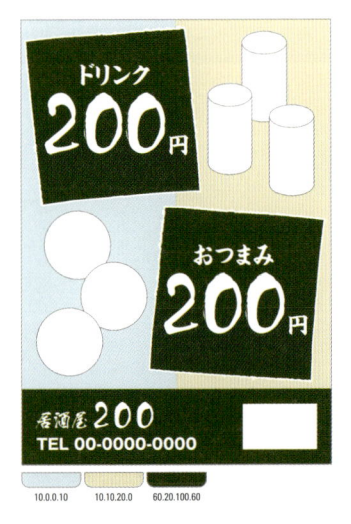

01 アイデア 1000 グルメ 〉 居酒屋 〉 ポスター・チラシ

030 Design by Kouhei Sugie

アイデア1000グルメ 〉 居酒屋 〉 Web

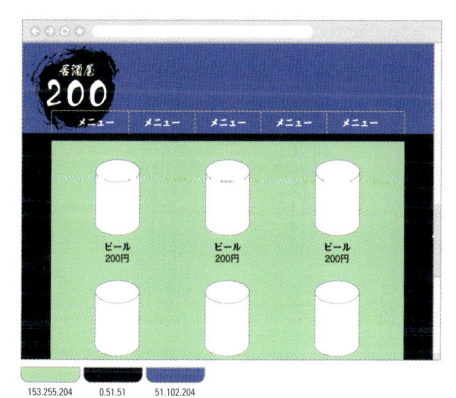

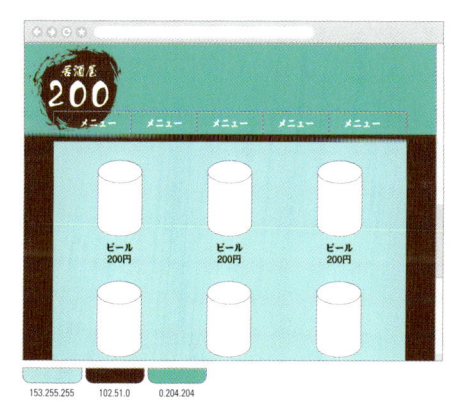

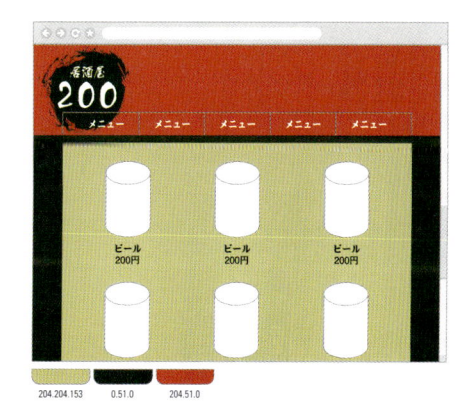

Design by Kouhei Sugie

02 | アイデア1000 ビューティ 〉 美容室 〉 ロゴ

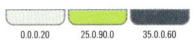

brillante

0.0.0.20 50.15.15.0 25.20.35.45

brillante

0.0.0.20 0.35.100.0 0.0.0.100

brillante

0.0.0.20 25.0.90.0 35.0.0.60

brillante

0.20.100.0 25.40.60.0 50.40.80.40

brillante

0.20.100.0 20.0.15.15 35.0.0.60

brillante

0.20.100.0 60.0.80.0 0.0.0.100

brillante

50.0.30.0 10.0.10.20 70.45.30.0

brillante

0.50.10.0 0.25.10.0 50.15.15.0

brillante

0.50.10.0 0.100.0.0 40.60.90.30

Design by Hiroshi Hara

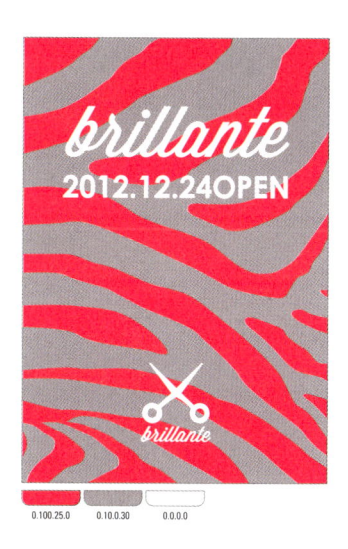

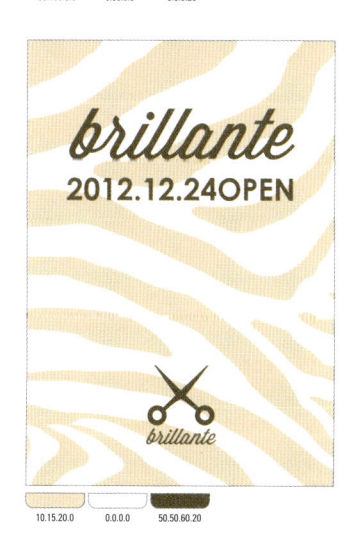

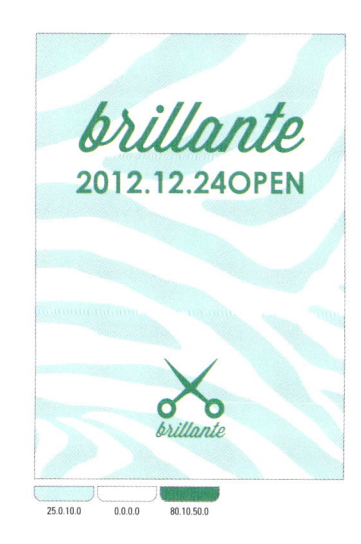

アイデア1000 ビューティ 〉 美容室 〉 ポスター・チラシ

Design by Hiroshi Hara

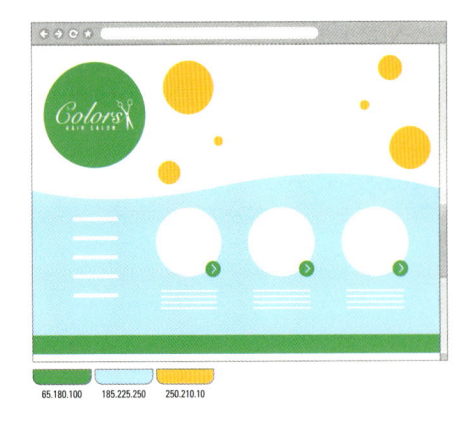

02 アイデア 1000 ビューティ 〉 美容室 〉 Web

65.180.100　185.225.250　250.210.10	110.110.100　225.220.150　40.180.190
235.110.50　200.215.205　100.195.190	50.70.90　175.220.220　245.170.0
45.120.175　190.225.230　240.160.195	105.70.125　180.215.105　230.230.85
95.60.50　200.215.190　250.200.65	250.200.15　100.190.180　245.195.215

034　　Design by Kumiko Tanaka

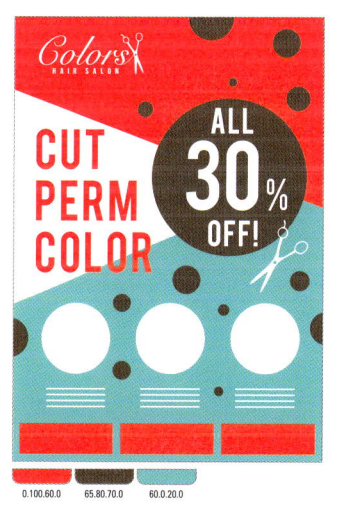

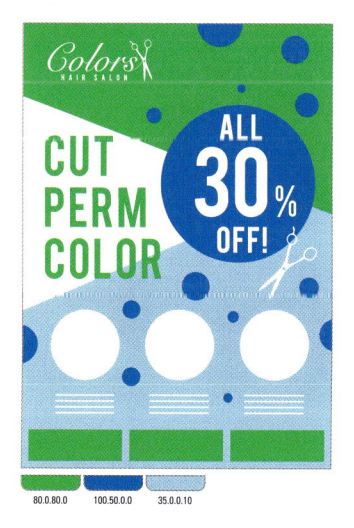

アイデア 1000 ビューティ ＞ 美容室 ＞ DM カード

Design by Kumiko Tanaka

02 アイデア1000 ビューティ > エステ > ロゴ

BEAUTY SALON

50.80.15.0 15.80.10.0

BEAUTY SALON

0.40.100.0 0.15.80.0

BEAUTY SALON

0.20.25.0 0.50.15.0

BEAUTY SALON

0.30.15.0 20.20.0.0

BEAUTY SALON

0.55.80.10 50.90.10.0

BEAUTY SALON

60.0.25.0 15.80.10.0

BEAUTY SALON

25.0.75.0 50.0.80.0

BEAUTY SALON

20.20.70.0 40.100.100.0

BEAUTY SALON

0.30.0.0 35.50.20.0

BEAUTY SALON

100.40.100.0 10.50.100.0

BEAUTY SALON

15.15.25.0 30.0.0.0

BEAUTY SALON

30.20.15.0 10.80.15.0

036 Design by Kumiko Tanaka

アイデア1000 ビューティ ❯ エステ ❯ ポスター・チラシ

Design by Kumiko Tanaka

037

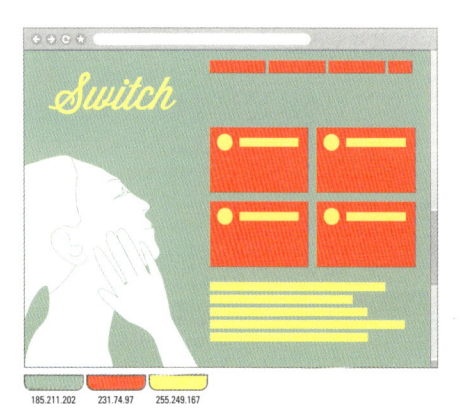

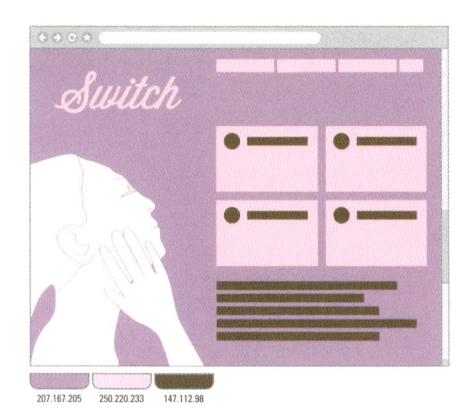

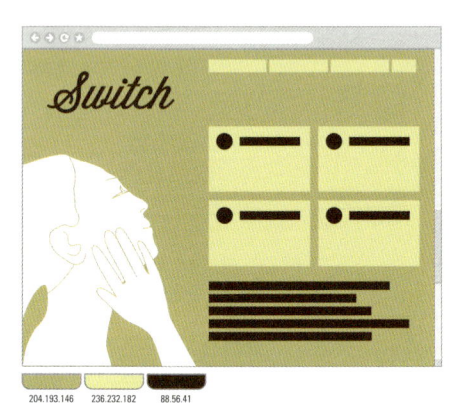

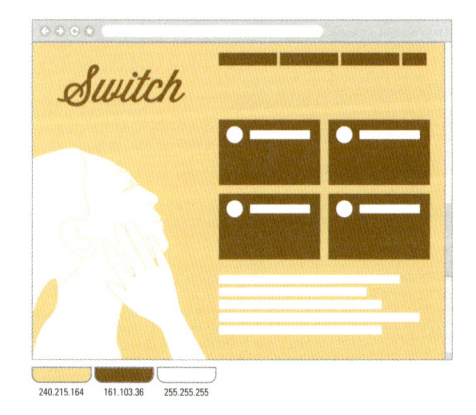

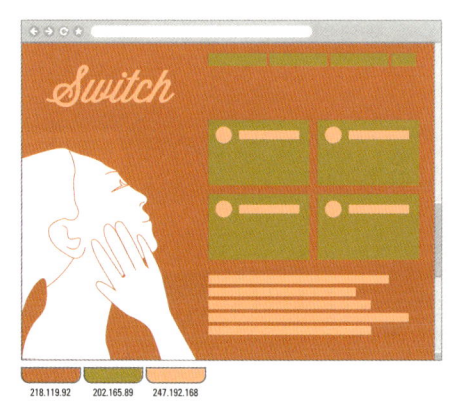

アイデア 1000 ビューティ 〉 エステ 〉 Web

Design by Hiroshi Hara

アイデア1000 ビューティ 〉 エステ 〉 DMカード

Design by Hiroshi Hara

039

02 | アイデア 1000 ビューティ 〉 コスメ 〉 ポスター・チラシ

040　　Design by Kumiko Tanaka

アイデア1000 ビューティ ❯ コスメ ❯ Web

Design by Kumiko Tanaka

02 アイデア1000 ビューティ > コスメ > ロゴ

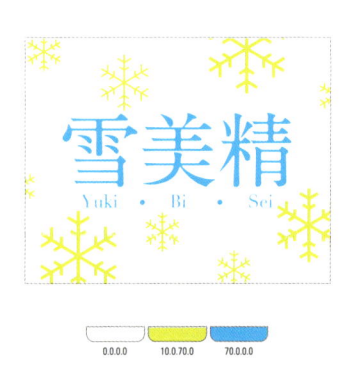

Design by Akiko Hayashi

アイデア1000 ビューティ ❯ コスメ ❯ パッケージ

Design by Akiko Hayashi

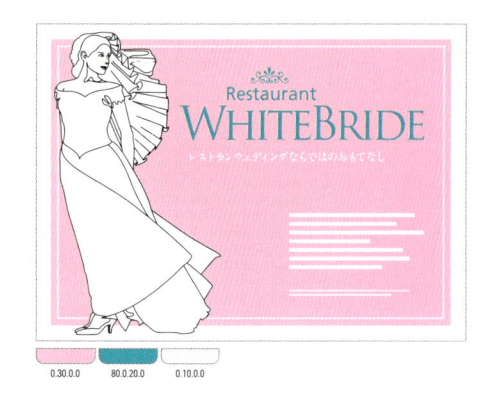

アイデア 1000 ビューティ ＞ ウエディング ＞ ポスター・チラシ

Design by Akiko Hayashi

アイデア 1000 ビューティ 〉 ウエディング 〉 Web

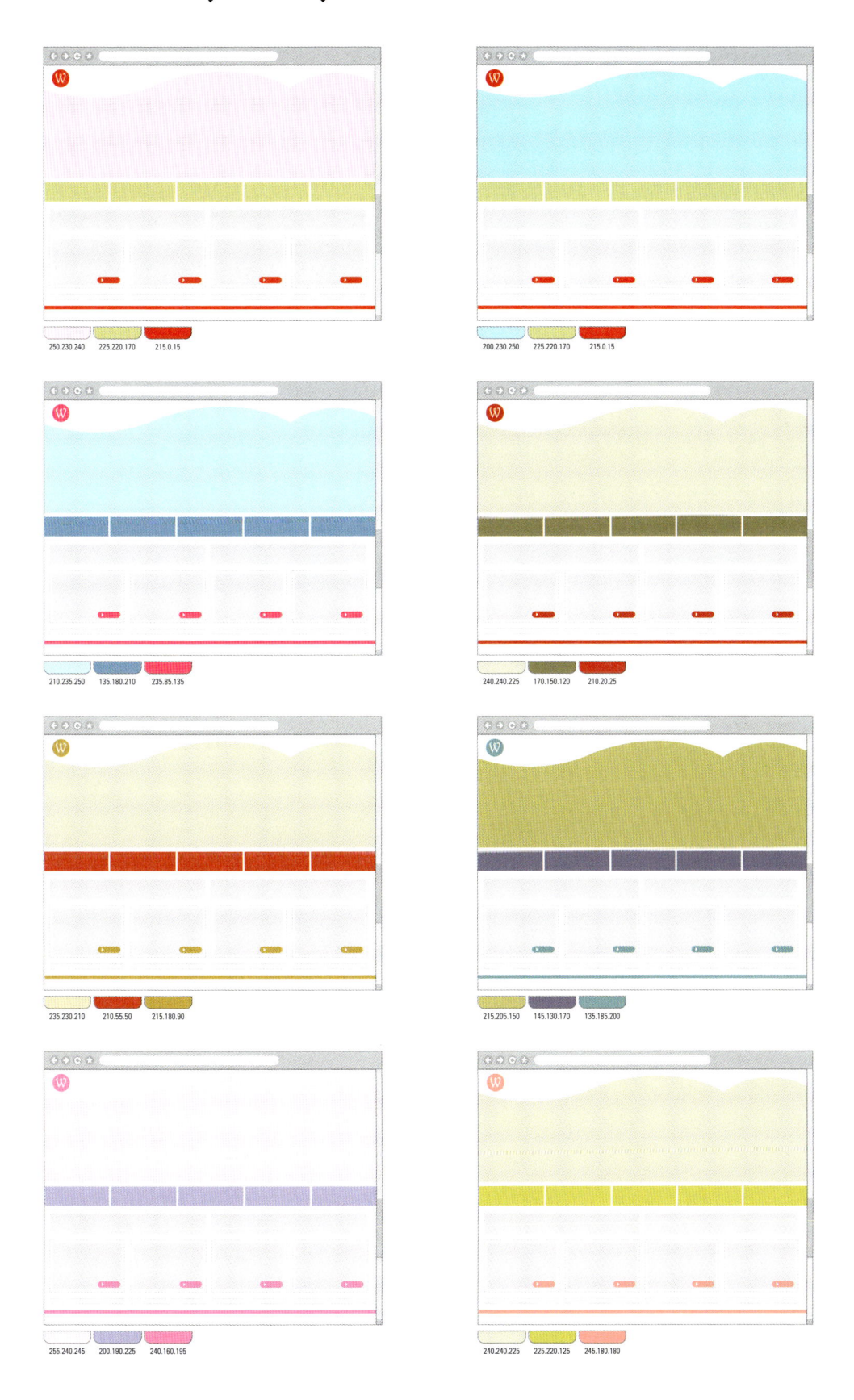

250.230.240　225.220.170　215.0.15

200.230.250　225.220.170　215.0.15

210.235.250　135.180.210　235.85.135

240.240.225　170.150.120　210.20.25

235.230.210　210.55.50　215.180.90

215.205.150　145.130.170　135.185.200

255.240.245　200.190.225　240.160.195

240.240.225　225.220.125　245.180.180

Design by Kumiko Tanaka

045

02 アイデア1000 ビューティ > ウエディング > ご招待カード

Design by Akiko Hayashi

アイデア1000 ビューティ ＞ ウエディング ＞ ご招待カード

Design by Kumiko Tanaka

アイデア 1000 ファッション ❯ カジュアル系 ❯ ポスター・チラシ・DM

048

Design by Kumiko Tanaka

アイデア 1000 ファッション ❯ カジュアル系 ❯ ロゴ

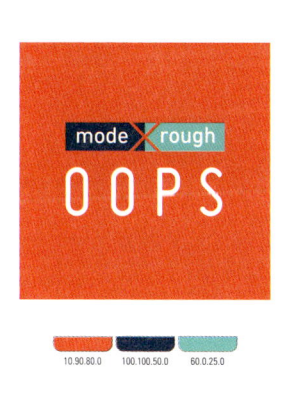

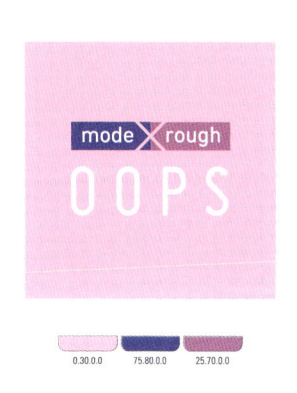

Design by iKumiko Tanaka

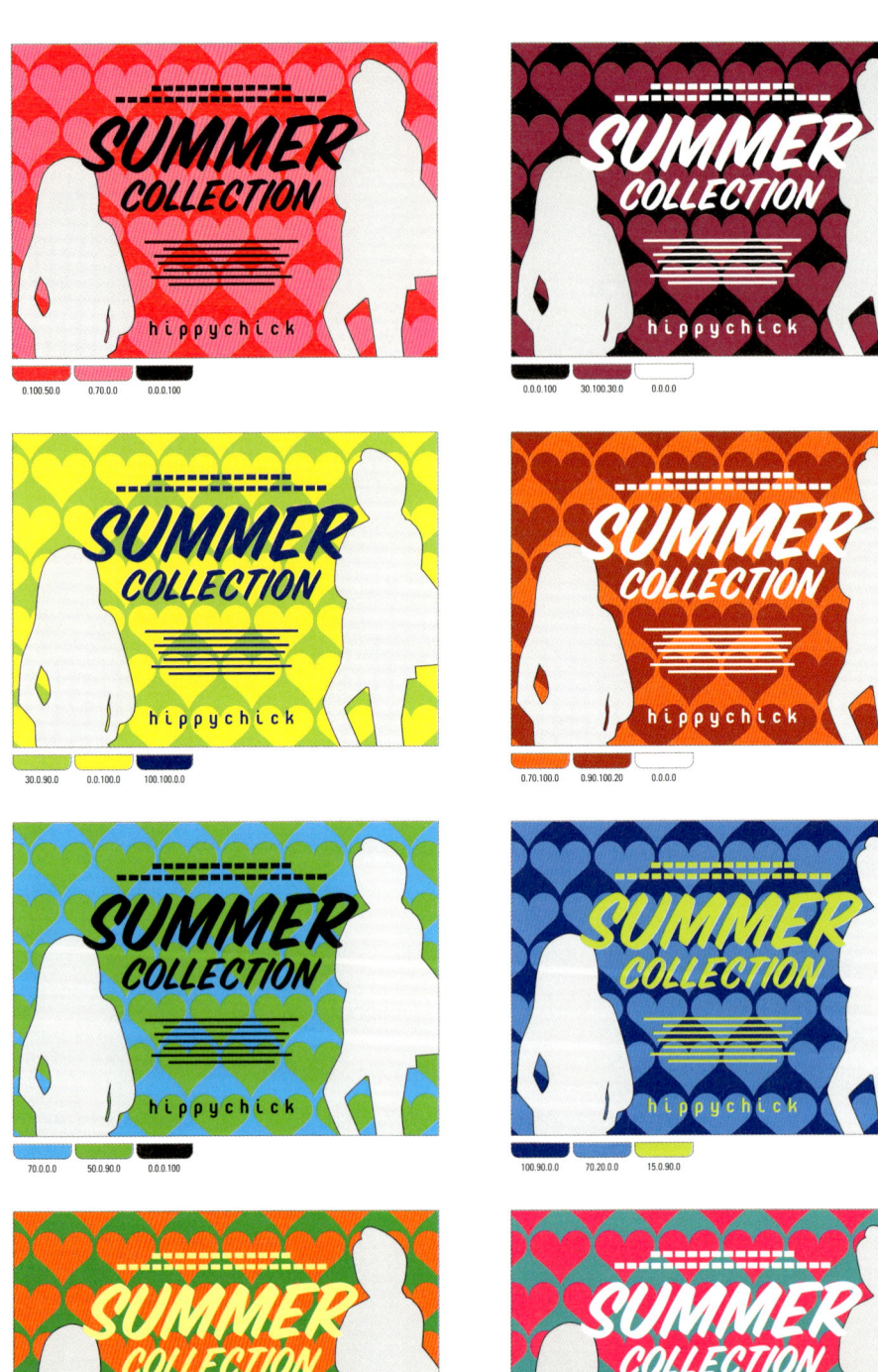

03 アイデア 1000 ファッション ＞ ギャル系 ＞ ポスター・チラシ・DM

アイデア 1000 ファッション ＞ ギャル系 ＞ ロゴ

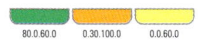

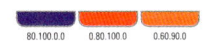

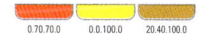

Design by Akiko Hayashi

03 アイデア1000 ファッション ＞ エレガンス系 ＞ ポスター・チラシ・DM

軽やかに華やかに
Feminine & Gorgeous
Goddess

30.80.100.0	60.90.100.50
30.100.70.0	70.70.100.20
80.20.100.0	80.60.100.20
40.20.100.0	90.70.100.0
100.70.0.30	90.90.40.30
30.50.0.0	70.80.0.0
0.30.90.10	50.70.100.0
70.10.30.0	80.40.30.0

Design by Akiko Hayashi

アイデア 1000 ファッション ＞ エレガンス系 ＞ ロゴ

70.0.40.0　30.20.0.0

30.80.0.0　30.20.0.0

100.90.0.0　50.10.0.0

30.40.100.0　10.0.70.0

100.20.0.0　40.0.0.0

70.100.0.0　0.70.10.0

0.70.70.0　0.30.20.0

20.100.100.0　10.30.10.0

55.0.100.0　20.0.35.0

85.40.70.0　55.0.50.0

0.30.100.0　20.10.40.0

50.85.100.25　0.40.60.0

Design by Akiko Hayashi

053

03 アイデア1000 ファッション ＞ ナチュラル系 ＞ ポスター・チラシ・DM

054

Design by Kumiko Tanaka

アイデア 1000 ファッション ❯ ナチュラル系 ❯ DM カード

Design by Kumiko Tanaka

アイデア 1000 ファッション 〉 セレクトショップ 〉 ポスター・チラシ・DM

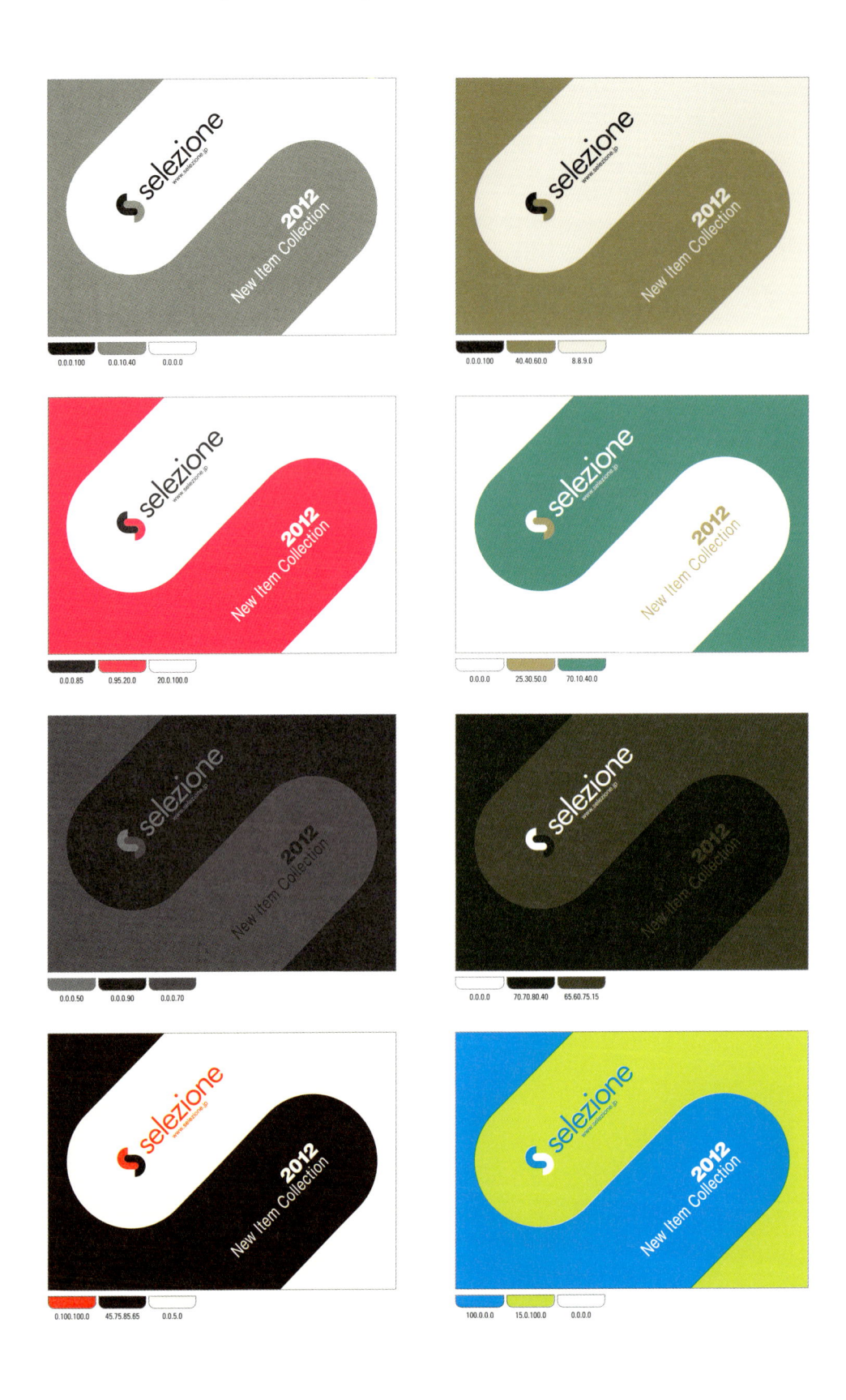

Design by Junya Yamada

アイデア 1000 ファッション ❯ セレクトショップ ❯ ロゴ

Design by Junya Yamada

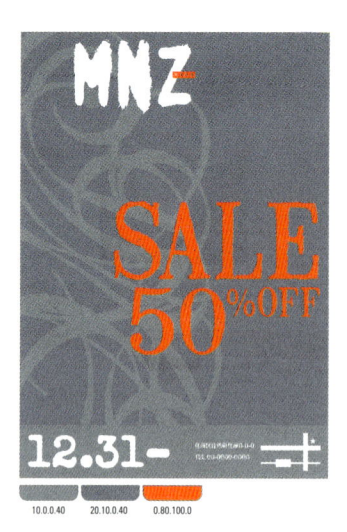

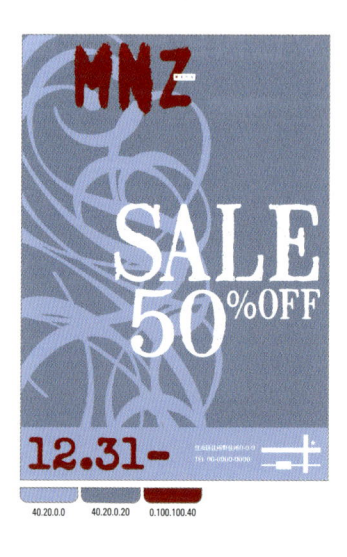

03 | アイデア 1000 ファッション ＞ メンズ ＞ ポスター・チラシ・DM

アイデア1000 ファッション ❯ メンズ ❯ ロゴ

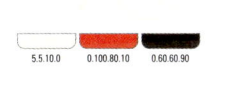

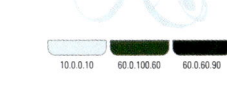

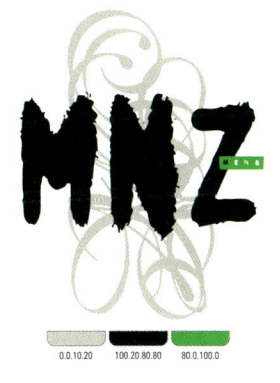

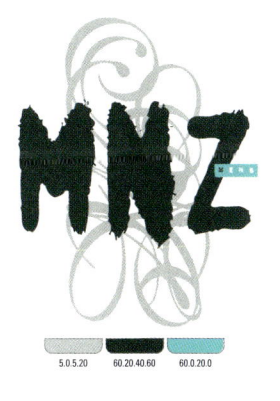

Design by Kouhei Sugie

059

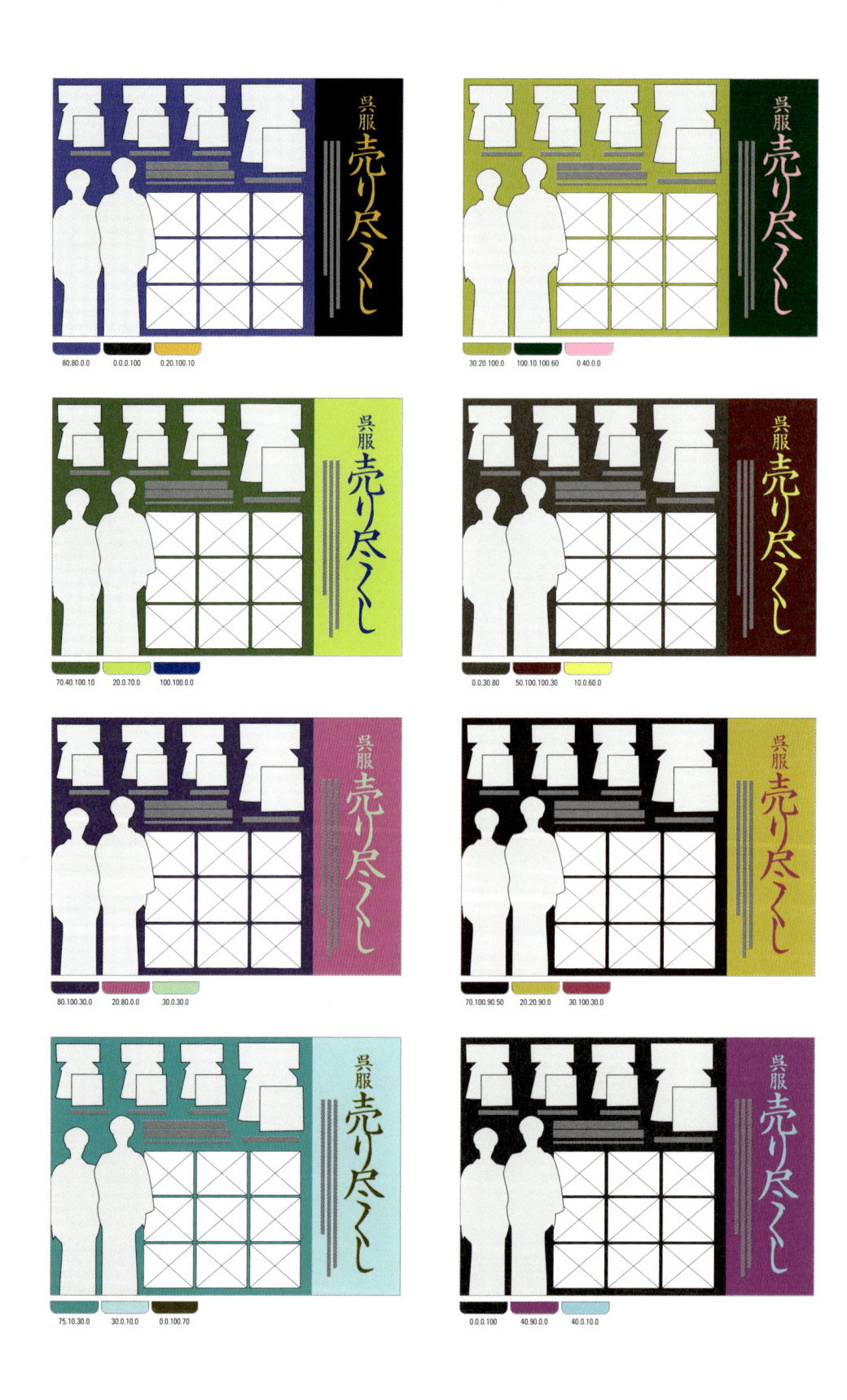

03 | アイデア 1000 ファッション ＞ シニア ＞ ポスター・チラシ・DM

アイデア1000 ファッション 〉 シニア 〉 ロゴ

DOLCEVITA

0.70.30.10 | 0.100.100.20 | 0.20.0.80

DOLCEVITA

20.60.0.0 | 30.100.0.0 | 0.0.0.50

DOLCEVITA

60.100.100.0 | 0.100.70.0 | 0.0.0.100

DOLCEVITA

20.30.90.0 | 70.100.20.0 | 10.0.50.50

DOLCEVITA

20.60.90.0 | 35.100.100.0 | 0.20.20.50

DOLCEVITA

15.30.0.0 | 35.55.0.0 | 45.90.0.0

DOLCEVITA

0.60.90.0 | 0.100.100.0 | 0.20.40.30

DOLCEVITA

0.60.10.0 | 0.90.40.0 | 0.0.0.50

DOLCEVITA

60.100.0.50 | 100.90.20.0 | 0.0.0.100

DOLCEVITA

0.30.0.65 | 0.100.0.80 | 0.90.20.0

DOLCEVITA

0.25.55.0 | 45.0.30.0 | 0.0.0.25

DOLCEVITA

0.90.80.0 | 80.20.100.0 | 0.0.45.20

Design by Akiko Hayashi

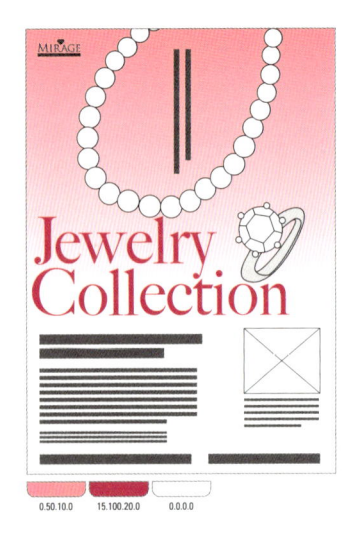

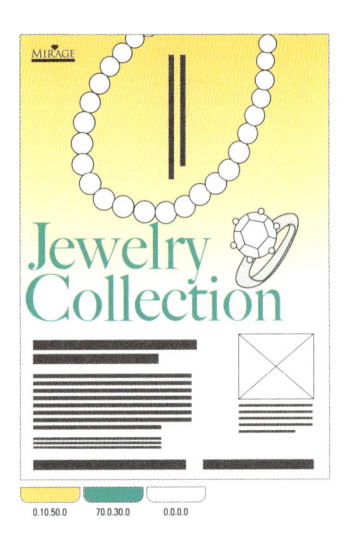

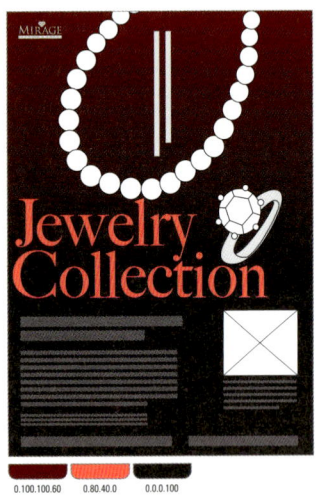

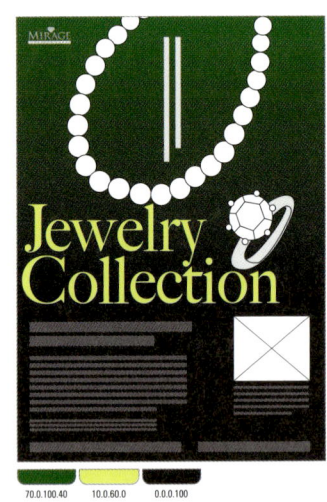

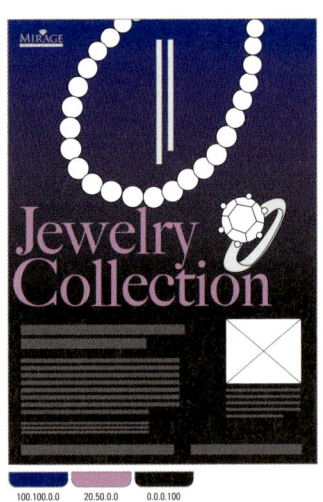

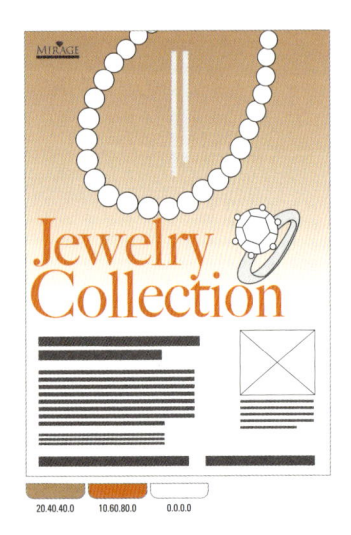

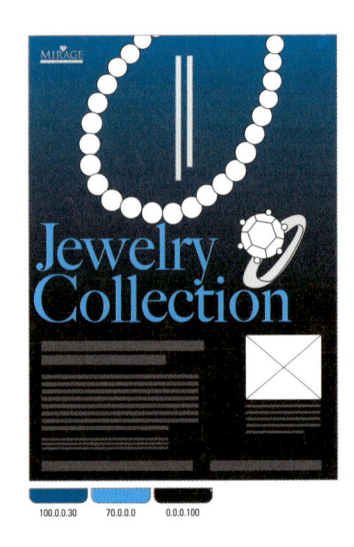

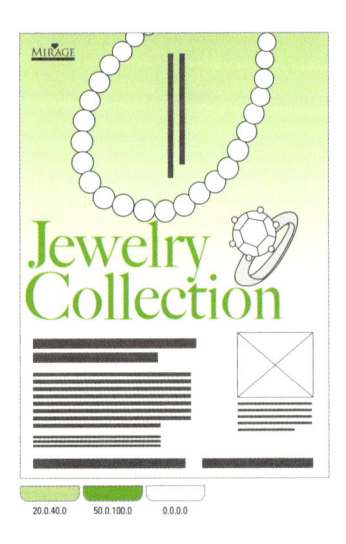

03 | アイデア 1000 ファッション 〉 ジュエリー 〉 ポスター・チラシ・DM

Design by Akiko Hayashi

アイデア1000 ファッション 〉 ジュエリー 〉 ロゴ

Design by Akiko Hayashi

03 | アイデア 1000 ファッション 〉ベビー 〉ポスター・チラシ・DM

Design by Kumiko Tanaka

アイデア1000 ファッション > ベビー > ロゴ

Design by Kumiko Tanaka

アイデア1000 ファッション > キッズ > ポスター・チラシ・DM

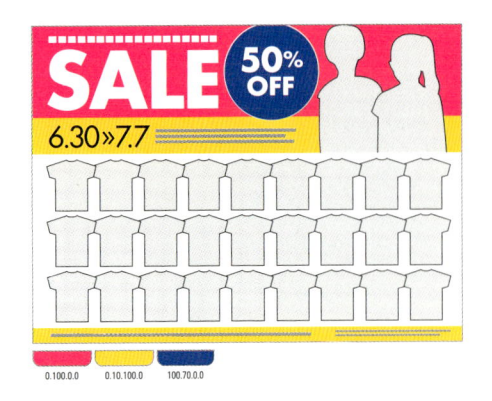

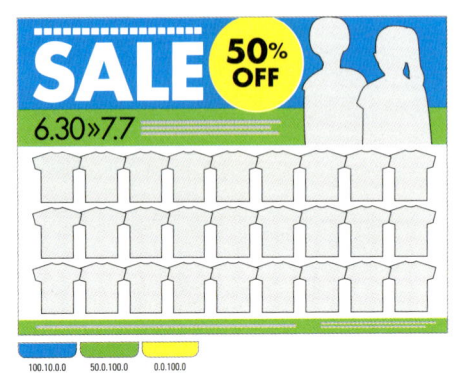

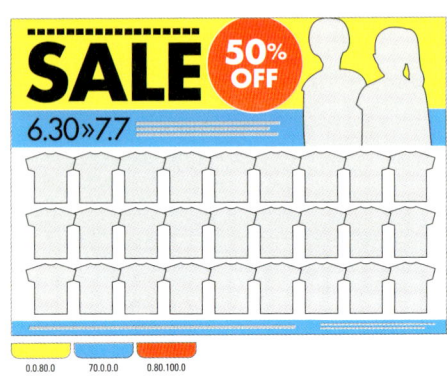

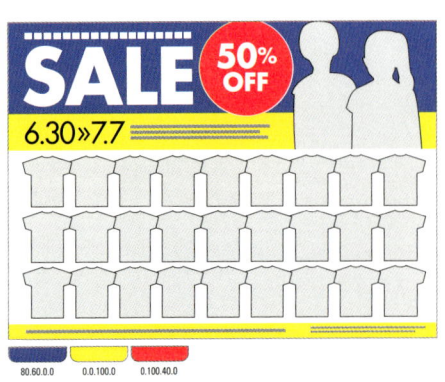

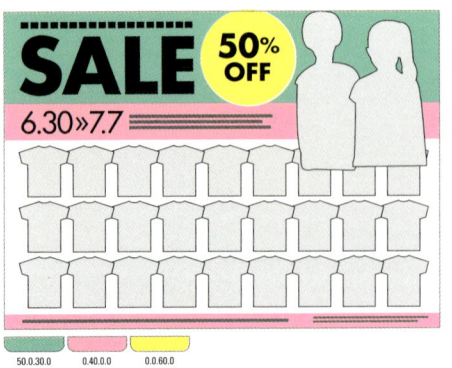

Design by Akiko Hayashi

アイデア1000 ファッション > キッズ > ロゴ

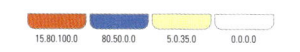

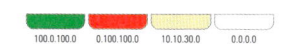

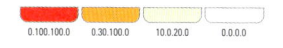

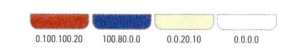

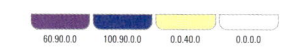

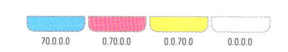

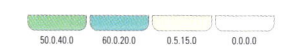

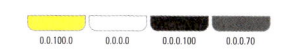

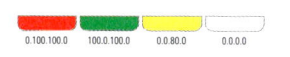

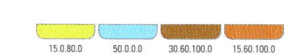

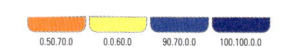

15.80.100.0 / 80.50.0.0 / 5.0.35.0 / 0.0.0.0	100.0.100.0 / 0.100.100.0 / 10.10.30.0 / 0.0.0.0	0.100.100.0 / 0.30.100.0 / 10.0.20.0 / 0.0.0.0
0.100.100.20 / 100.80.0.0 / 0.0.20.10 / 0.0.0.0	60.90.0.0 / 100.90.0.0 / 0.0.40.0 / 0.0.0.0	70.0.0.0 / 0.70.0.0 / 0.0.70.0 / 0.0.0.0
50.0.40.0 / 60.0.20.0 / 0.5.15.0 / 0.0.0.0	0.20.100.0 / 0.50.100.0 / 0.0.0.100 / 90.80.0.0	0.0.100.0 / 0.0.0.0 / 0.0.0.100 / 0.0.0.70
0.100.100.0 / 100.0.100.0 / 0.0.80.0 / 0.0.0.0	15.0.80.0 / 50.0.0.0 / 30.60.100.0 / 15.60.100.0	0.50.70.0 / 0.0.60.0 / 90.70.0.0 / 100.100.0.0

Design by Akiko Hayashi

04 アイデア1000 インテリア・雑貨 > アンティーク系 > ロゴ

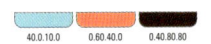

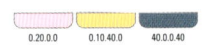

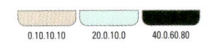

アイデア 1000 インテリア・雑貨 ❯ アンティーク系 ❯ ポスター・チラシ・DM

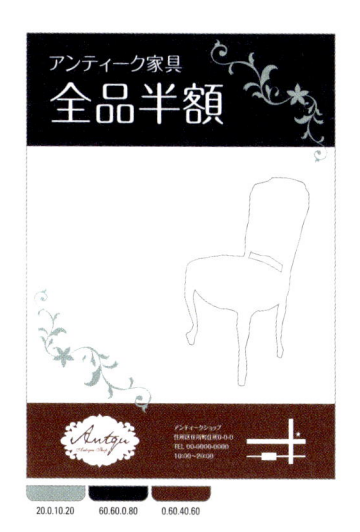

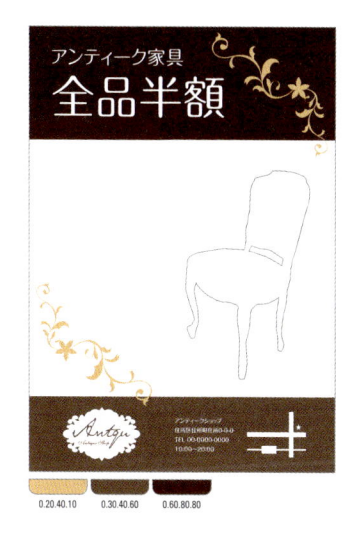

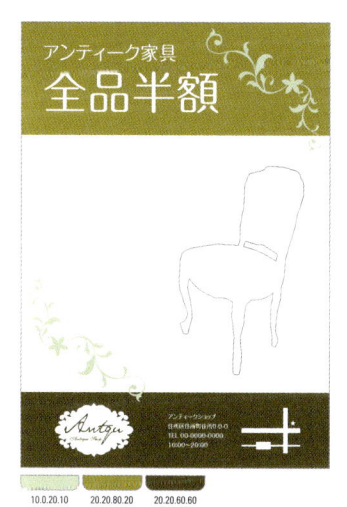

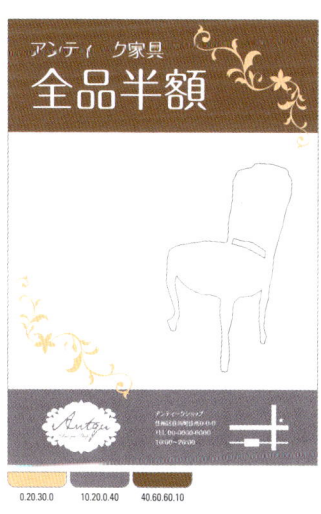

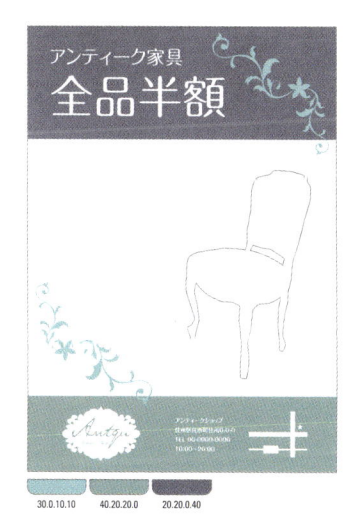

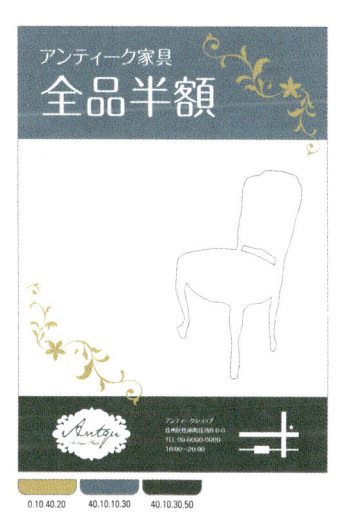

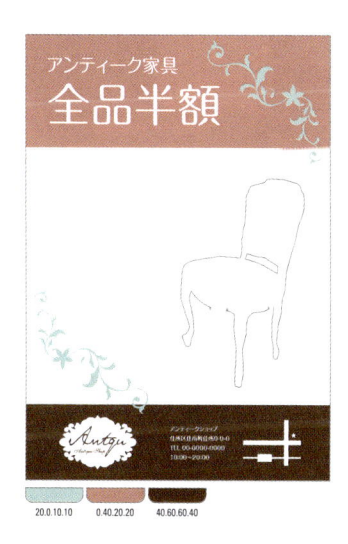

069

Design by Kouhei Sugie

04 アイデア 1000 インテリア・雑貨 > アンティーク系 > Web

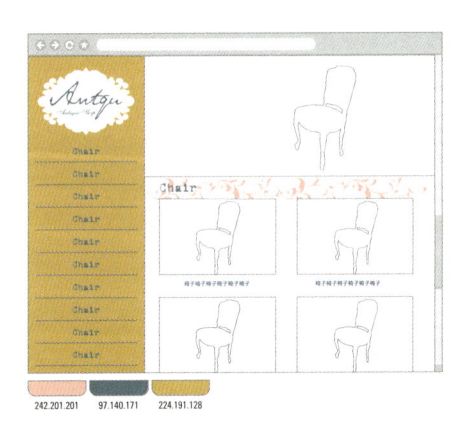

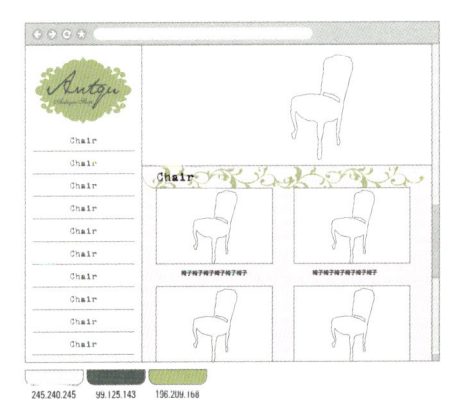

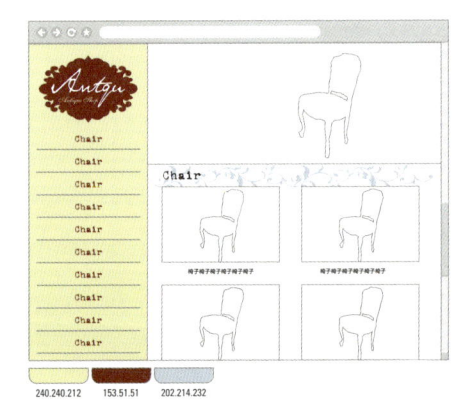

アイデア1000 インテリア・雑貨 ▶ アンティーク系 ▶ ショップカード

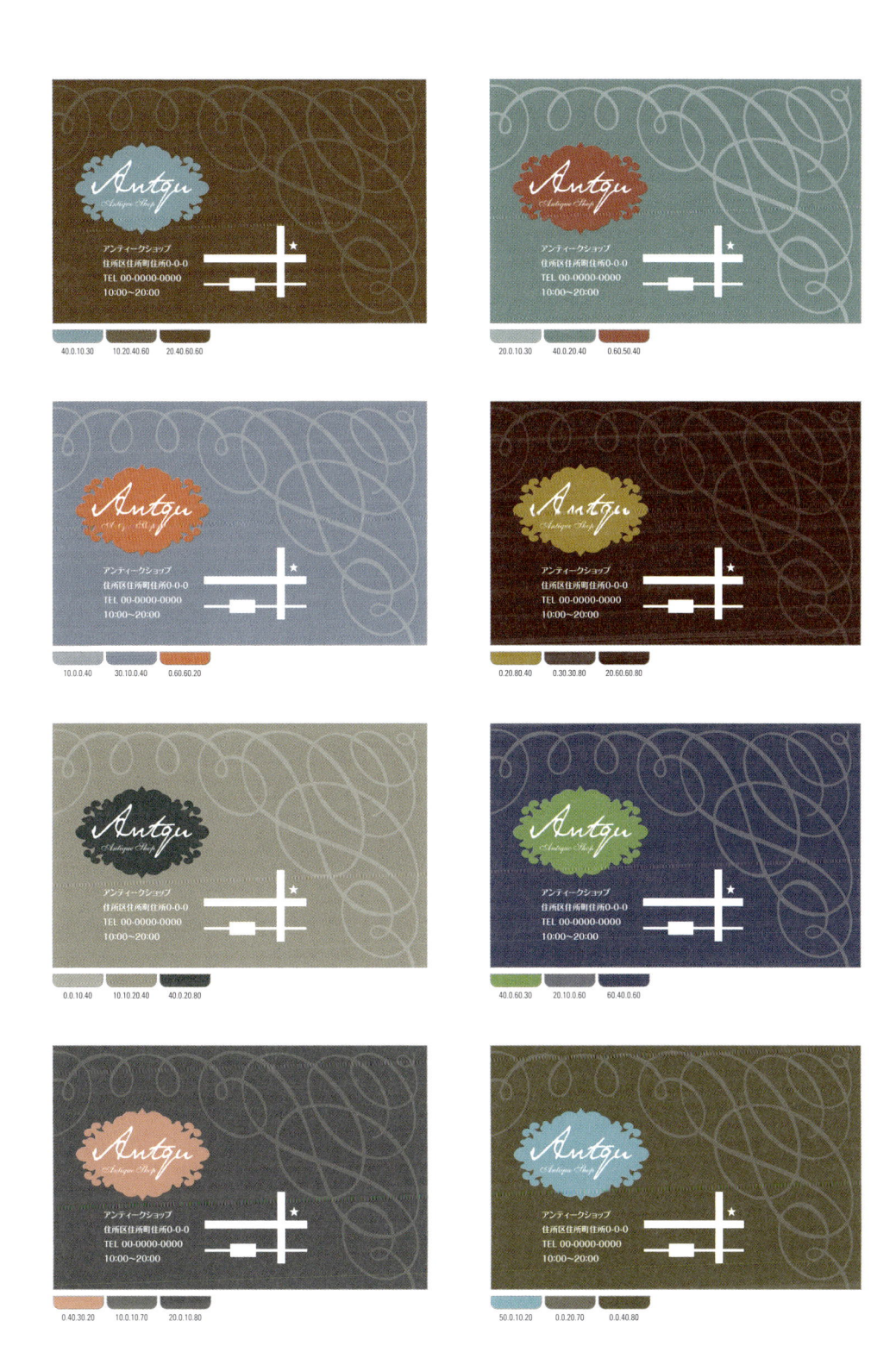

Design by Kouhei Sugie

04 | アイデア1000 インテリア・雑貨 > ナチュラル系 > ロゴ

20.10.60.20 / 40.0.100.0 / 60.20.80.10	20.80.60.20 / 40.60.80.40 / 40.10.60.40	60.10.10.0 / 60.10.80.10 / 20.60.60.20
60.20.0.0 / 60.40.0.20 / 60.10.40.10	40.0.10.10 / 40.0.100.20 / 60.40.80.40	0.40.100.10 / 20.60.60.0 / 80.10.20.40
0.60.60.0 / 0.20.60.40 / 40.20.60.20	40.10.20.0 / 60.0.20.0 / 40.0.40.60	70.20.80.20 / 40.20.60.10 / 10.20.60.40
80.20.60.40 / 40.0.40.0 / 40.20.0.0	0.60.80.20 / 0.30.30.0 / 30.0.30.30	20.20.0.10 / 30.0.40.40 / 70.20.0.0

072

Design by Kouhei Sugie

アイデア 1000 インテリア・雑貨 ＞ ナチュラル系 ＞ ポスター・チラシ・DM

Design by Kouhei Sugie

04 | アイデア 1000 インテリア・雑貨 ＞ ナチュラル系 ＞ Web

245.245.240 / 204.102.51 / 153.204.51

242.247.224 / 153.204.102 / 153.153.0

204.255.0 / 51.204.255 / 240.245.345

254.254.240 / 102.51.0 / 204.153.102

240.245.245 / 51.102.153 / 102.255.102

102.204.204 / 51.102.102 / 241.255.219

235.227.214 / 222.173.99 / 102.51.102

255.255.102 / 0.102.102 / 255.242.224

074

Design by Kouhei Sugie

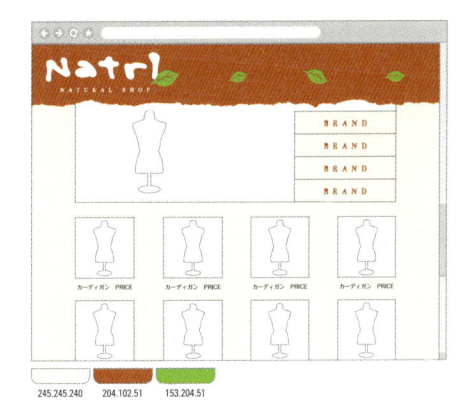

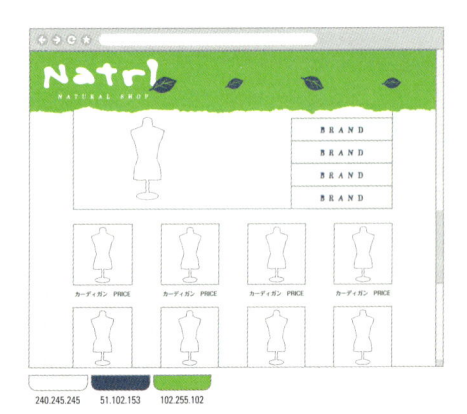

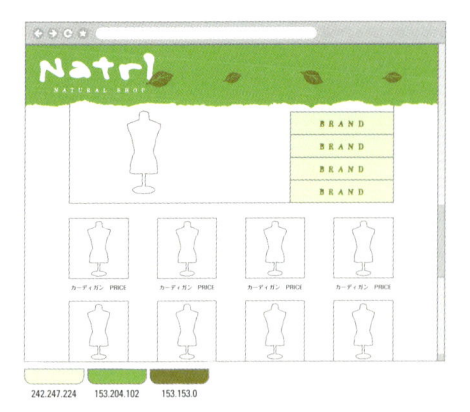

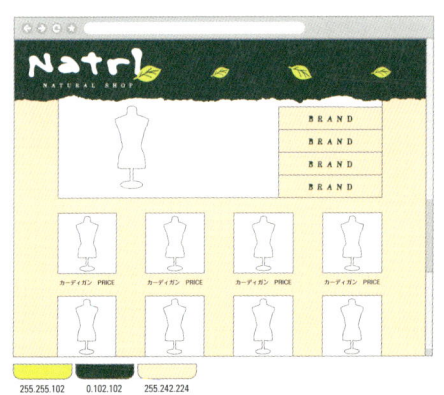

アイデア 1000 インテリア・雑貨 ▶ ナチュラル系 ▶ ショップカード

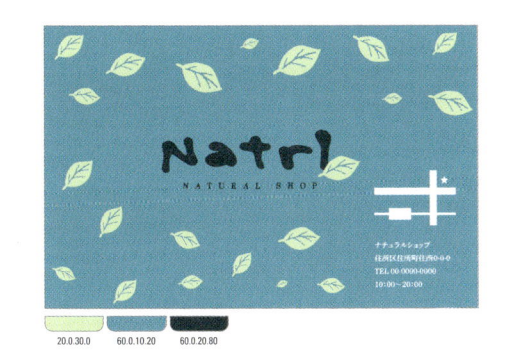

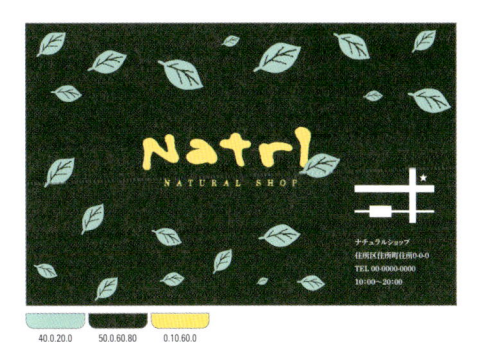

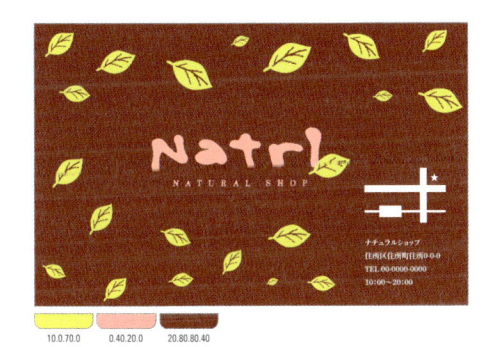

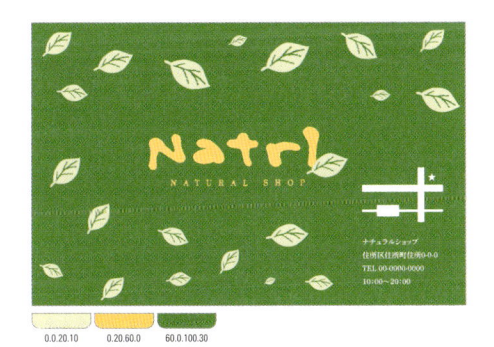

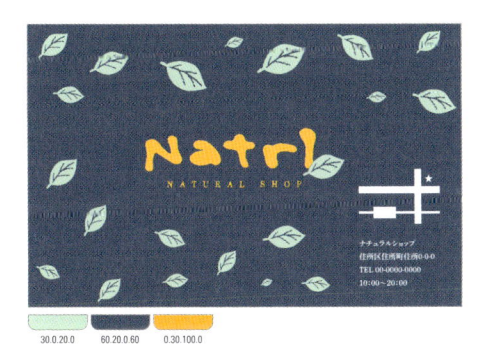

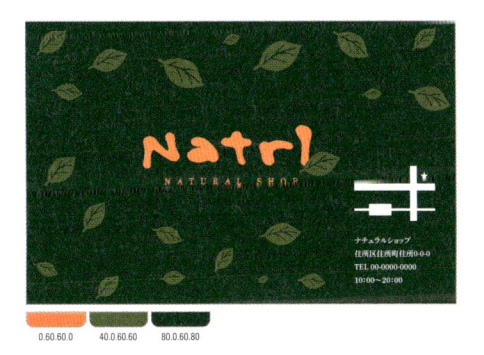

04 アイデア1000 インテリア・雑貨 > 北欧系 > ロゴ

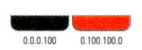

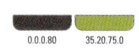

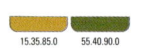

Design by Junya Yamada

アイデア1000 インテリア・雑貨 > 北欧系 > ポスター・チラシ・DM

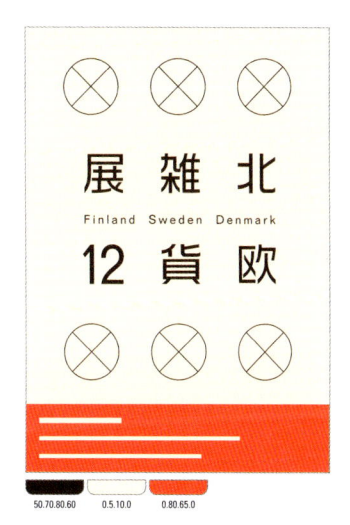

Design by Junya Yamada

04 | アイデア1000 インテリア・雑貨 > 北欧系 > Web

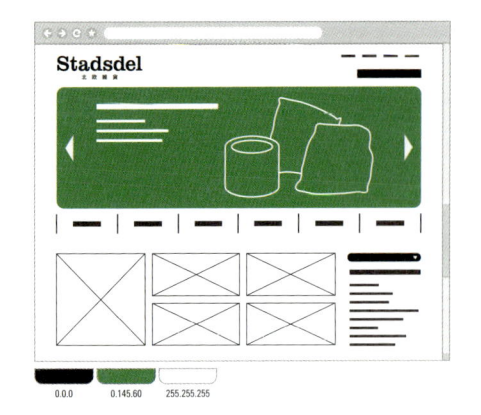

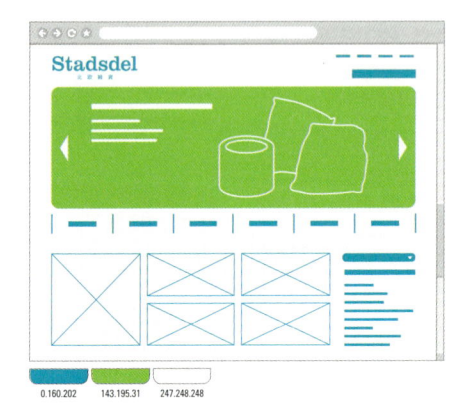

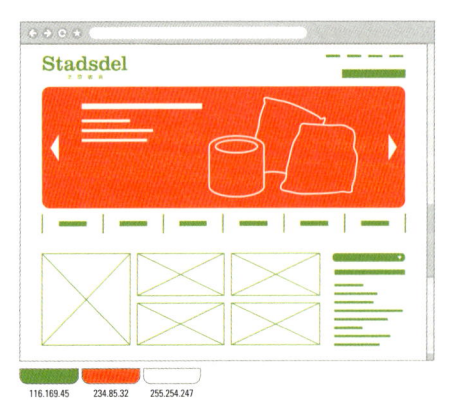

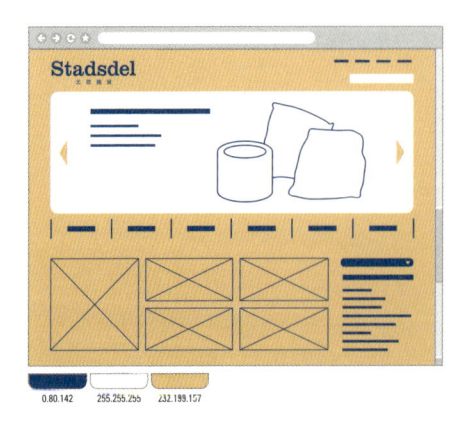

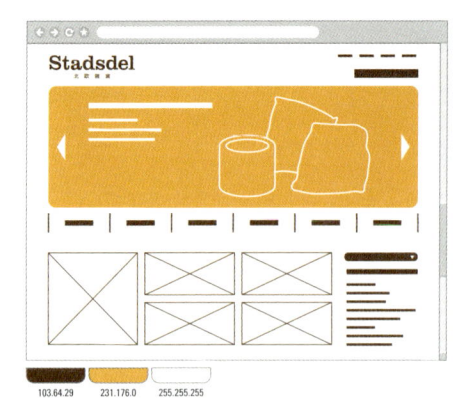

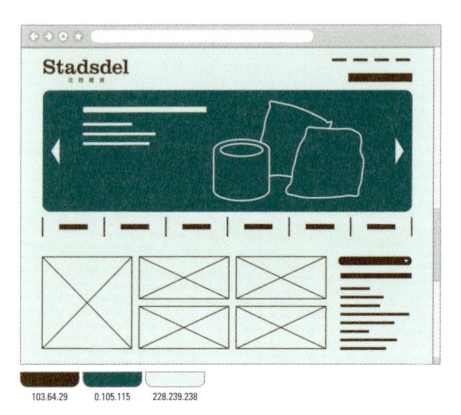

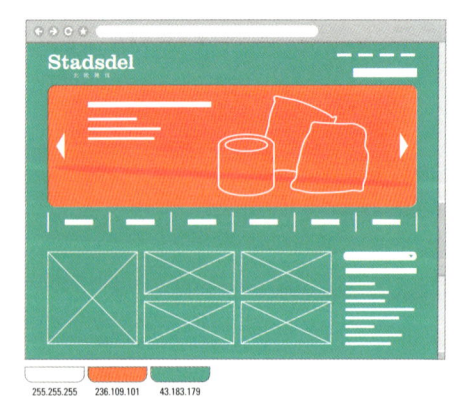

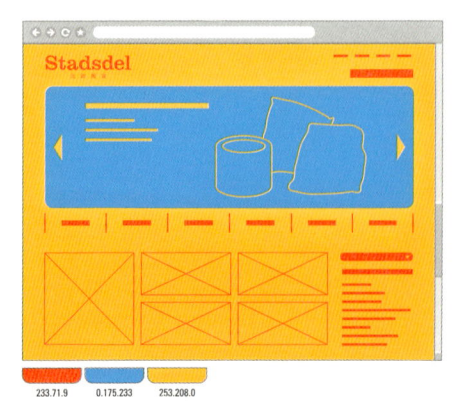

0.0.0　0.145.60　255.255.255

103.64.29　231.176.0　255.255.255

0.160.202　143.195.31　247.248.248

103.64.29　0.105.115　228.239.238

116.169.45　234.85.32　255.254.247

255.255.255　236.109.101　43.183.179

0.80.142　255.255.255　232.199.157

233.71.9　0.175.233　253.208.0

078　Design by Junya Yamada

アイデア 1000 インテリア・雑貨 ❯ 北欧系 ❯ ショップカード

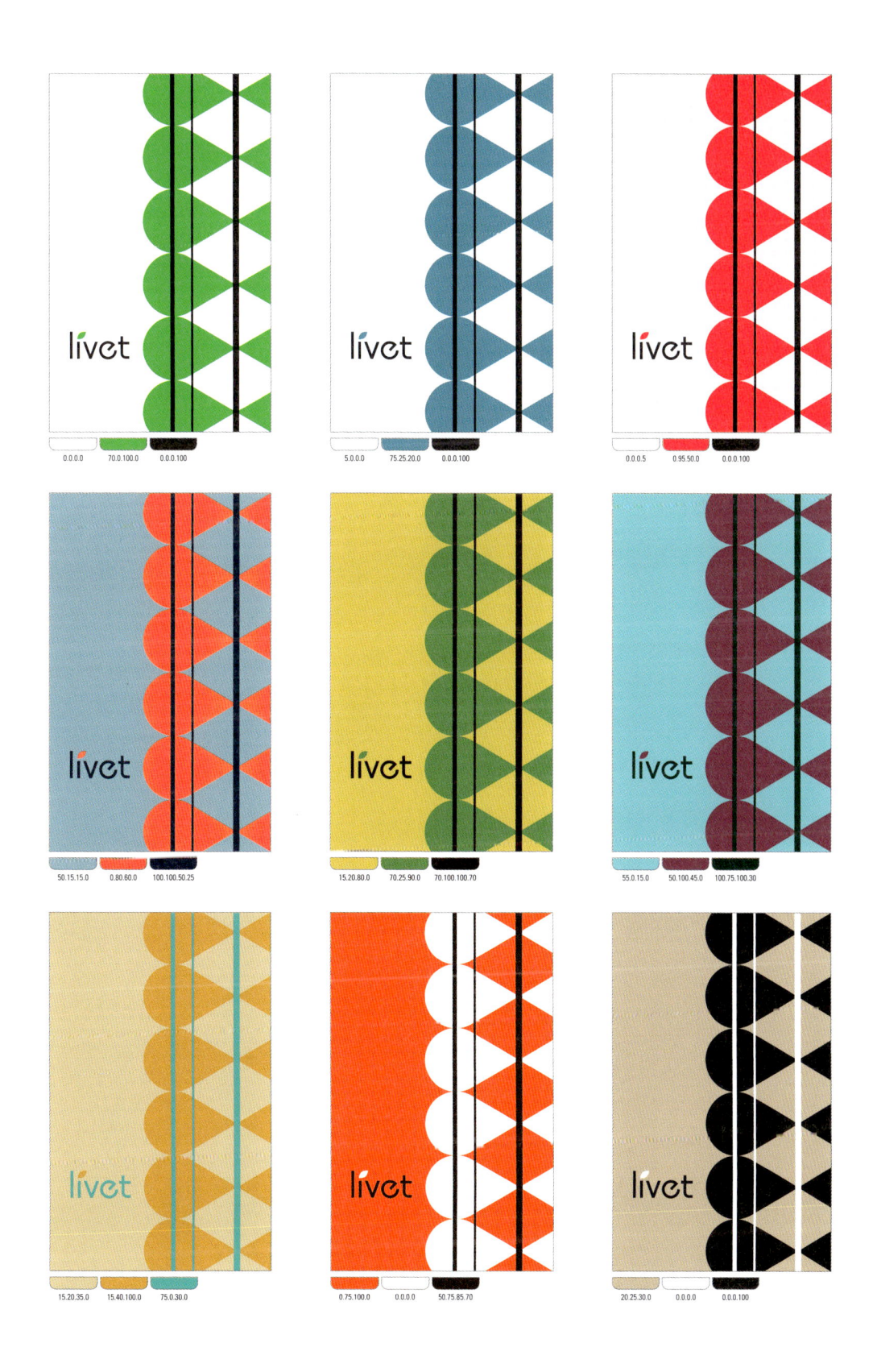

Design by Junya Yamada

04 | アイデア 1000 インテリア・雑貨 ❯ 60年代系 ❯ ロゴ

Design by Hiroshi Hara

アイデア1000 インテリア・雑貨 ❯ 60年代系 ❯ ポスター・チラシ・DM

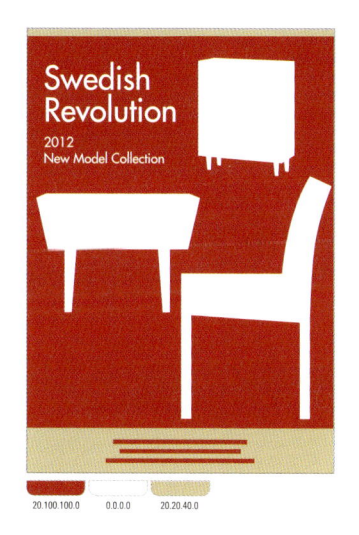

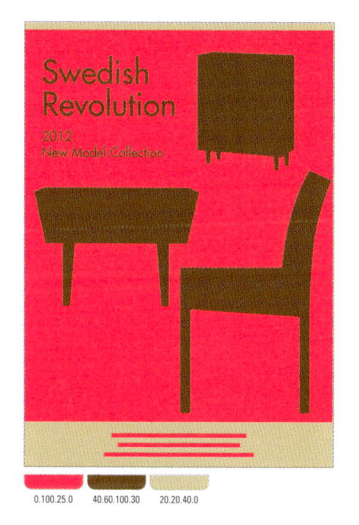

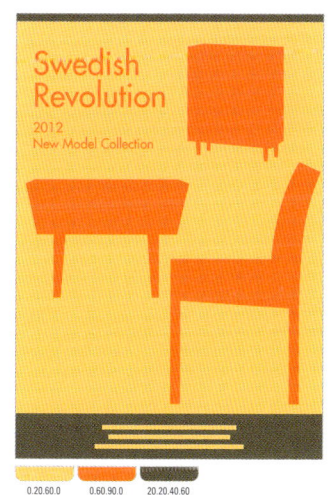

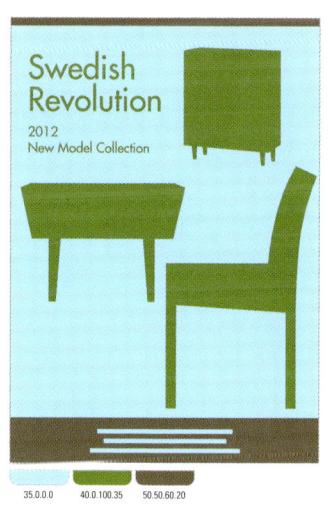

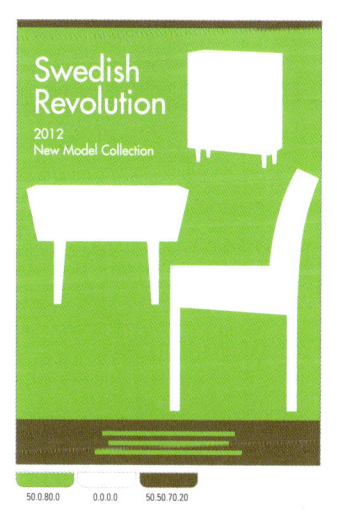

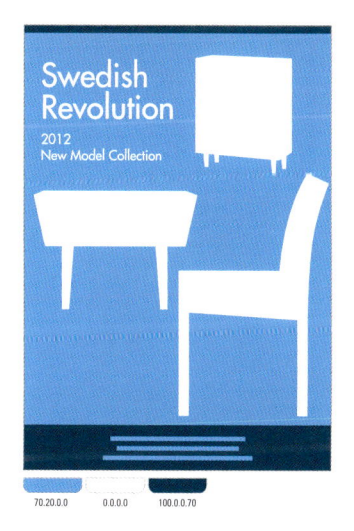

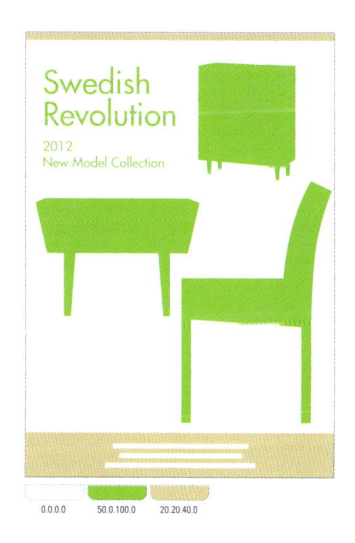

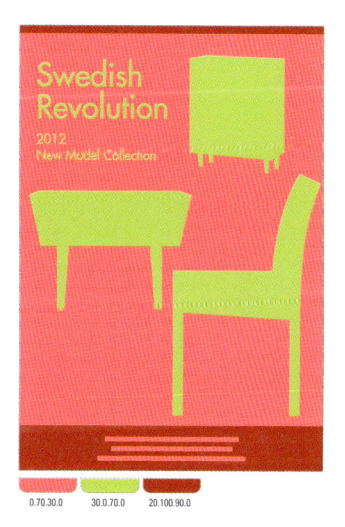

Design by Hiroshi Hara

04 アイデア 1000 インテリア・雑貨 ❯ 60年代系 ❯ Web

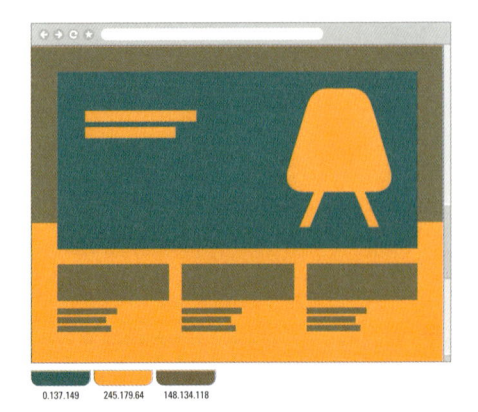

160.50.95 / 255.255.255 / 130.160.40		210.80.25 / 240.220.130 / 146.98.37
243.153.57 / 189.50.60 / 192.227.224		232.72.115 / 213.200.160 / 185.137.85
97.48.97 / 234.186.148 / 192.97.97		239.234.58 / 127.111.90 / 117.175.194
194.217.92 / 255.255.255 / 118.163.21		0.137.149 / 245.179.64 / 148.134.118

Design by Hiroshi Hara

アイデア 1000 インテリア・雑貨 ❯ 60 年代系 ❯ ショップカード

40.60.90.30　0.50.100.0　0.80.100.0

30.50.70.10　0.0.0.0　20.0.100.0

0.0.0.100　20.30.100.10　0.50.80.0

30.50.70.0　0.0.0.0　0.80.20.0

0.0.0.0　100.0.30.0　65.0.0.0

0.0.0.0　40.0.40.20　0.0.0.100

90.90.30.0　30.0.0.0　85.30.0.0

30.0.75.0　0.0.0.0　50.0.100.25

Design by Hiroshi Hara

083

05 | アイデア 1000 ビジネス・クリエイティブ ＞ ビジネス全般 ＞ ロゴ

ICON CORPORATION

Design by Hiroshi Hara

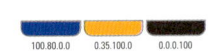

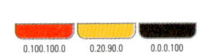

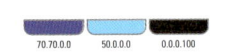

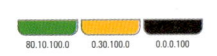

アイデア 1000 ビジネス・クリエイティブ 〉 ビジネス全般 〉 ロゴ

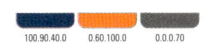

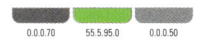

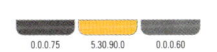

Design by Junya Yamada

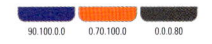

085

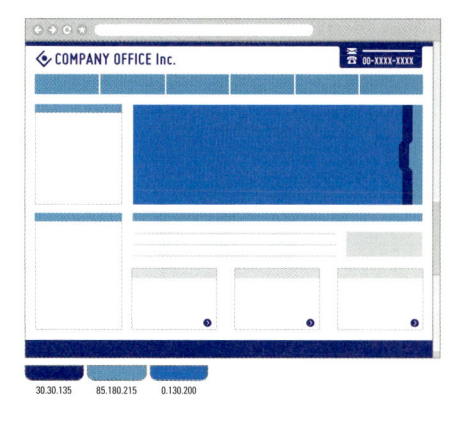

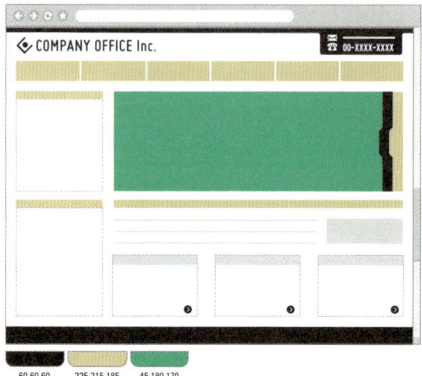

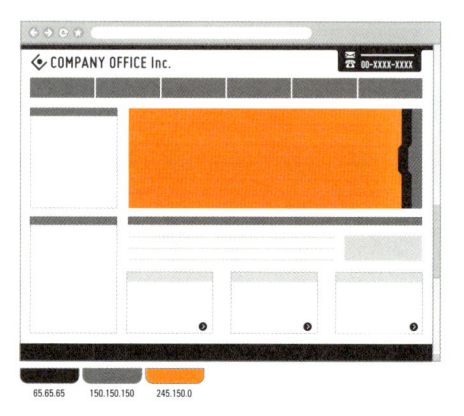

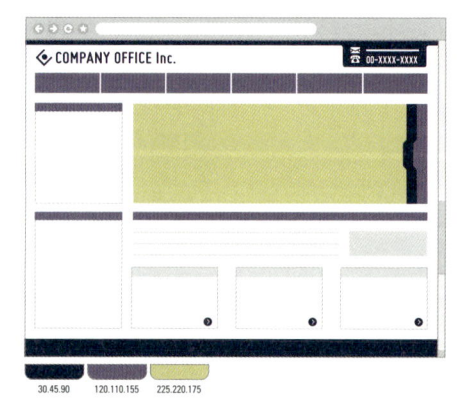

05 アイデア 1000 ビジネス・クリエイティブ 〉 ビジネス全般 〉 Web

30.30.135　85.180.215　0.130.200

30.45.100　225.220.170　130.205.220

60.60.60　225.215.185　45.180.170

65.65.65　150.150.150　245.150.0

70.35.15　180.170.110　0.165.60

30.45.90　120.110.155　225.220.175

0.0.0　170.160.145　95.195.210

0.70.120　155.155.155　240.235.70

Design by Kumiko Tanaka

アイデア 1000 ビジネス・クリエイティブ 〉 ビジネス全般 〉 Web

Design by Akiko Hayashi

087

05

アイデア 1000 ビジネス・クリエイティブ ▶ ビジネス全般 ▶ 企業パンフレット

088　Design by Akiko Hayashi

アイデア 1000 ビジネス・クリエイティブ 〉 ビジネス全般 〉 企業パンフレット

Design by Akiko Hayashi

089

05 アイデア 1000 ビジネス・クリエイティブ > ビジネス全般 > 名刺

アイデア 1000 ビジネス・クリエイティブ 〉 ビジネス全般 〉 名刺

Design by Kouhei Sugie

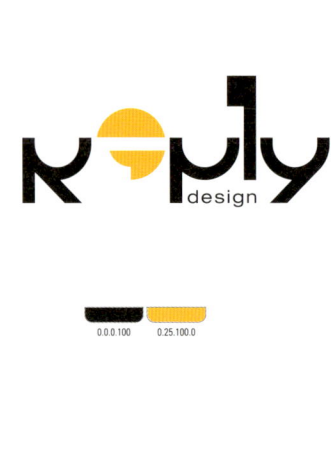

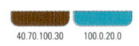

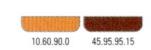

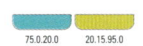

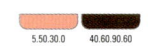

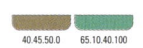

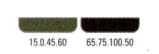

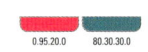

05 アイデア 1000 ビジネス・クリエイティブ 〉デザイン系 〉ロゴ

0.0.0.100 / 0.25.100.0	0.85.100.0 / 0.50.100.0	40.70.100.30 / 100.0.20.0
20.0.100.0 / 20.85.40.0	10.60.90.0 / 45.95.95.15	75.0.20.0 / 20.15.95.0
5.50.30.0 / 40.60.90.60	40.45.50.0 / 65.10.40.100	0.70.20.0 / 0.0.0.100
15.0.45.60 / 65.75.100.50	0.95.20.0 / 80.30.30.0	70.50.45.0 / 0.100.100.0

Design by Junya Yamada

アイデア1000 ビジネス・クリエイティブ 〉 デザイン系 〉 ロゴ

Design by Junya Yamada

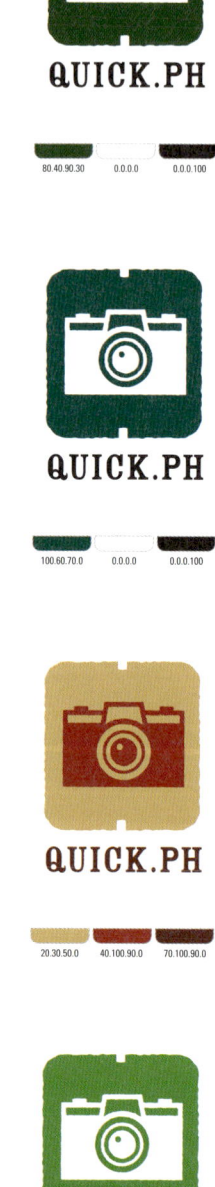

05 アイデア 1000 ビジネス・クリエイティブ ＞ デザイン系 ＞ ロゴ

QUICK.PH
40.30.30.50 / 0.0.0.0 / 0.0.0.100

QUICK.PH
50.70.70.50 / 0.0.0.0 / 0.0.0.100

QUICK.PH
80.40.90.30 / 0.0.0.0 / 0.0.0.100

QUICK.PH
40.100.90.0 / 0.0.0.0 / 0.0.0.100

QUICK.PH
100.80.70.0 / 0.0.0.0 / 0.0.0.100

QUICK.PH
100.60.70.0 / 0.0.0.0 / 0.0.0.100

QUICK.PH
10.40.25.0 / 55.60.65.40 / 70.80.90.50

QUICK.PH
20.15.70.0 / 80.30.90.30 / 80.30.90.70

QUICK.PH
20.30.50.0 / 40.100.90.0 / 70.100.90.0

QUICK.PH
0.70.100.0 / 0.0.0.0 / 50.60.80.40

QUICK.PH
90.60.0.0 / 0.0.0.0 / 90.60.0.50

QUICK.PH
70.20.100.0 / 0.0.0.0 / 70.20.100.60

Design by Hiroshi Hara

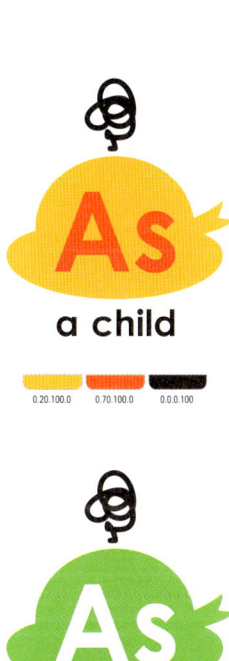

アイデア1000 ビジネス・クリエイティブ ❭ デザイン系 ❭ ロゴ

Design by Hiroshi Hara

05 アイデア 1000 ビジネス・クリエイティブ ＞ デザイン系 ＞ Web

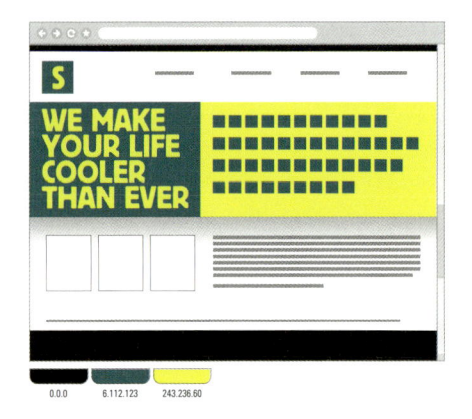

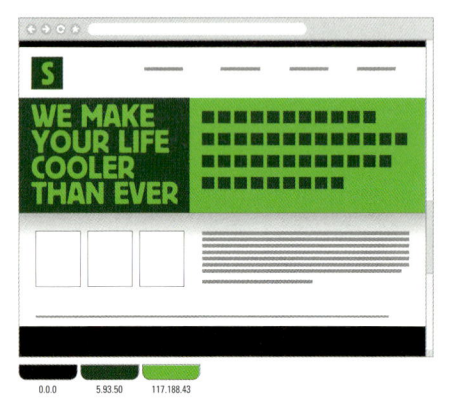

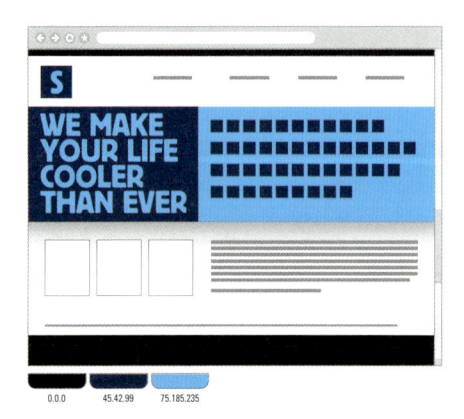

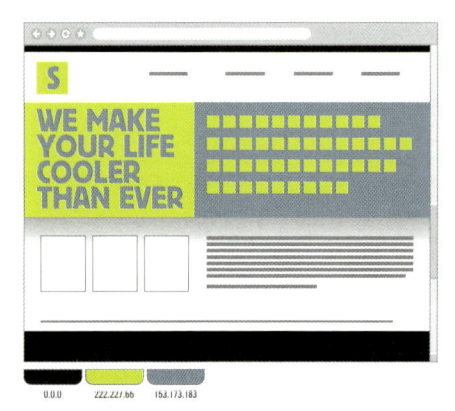

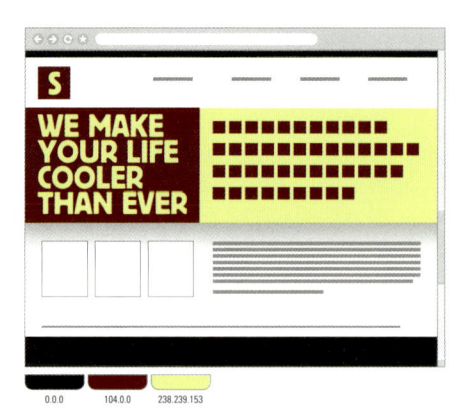

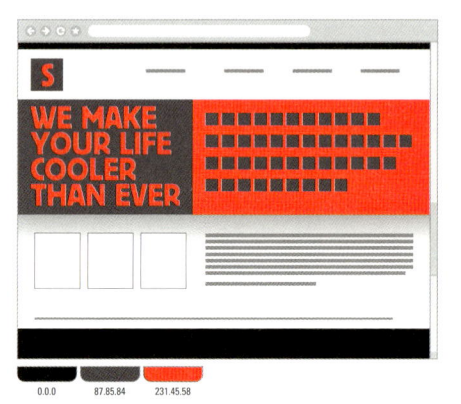

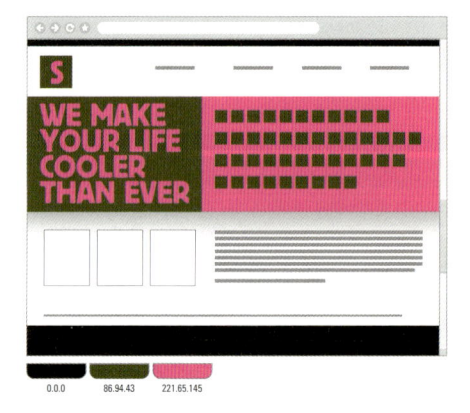

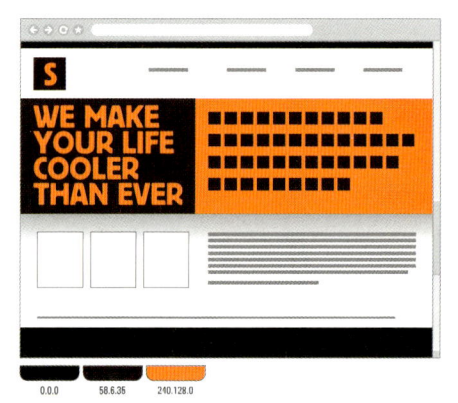

096

Design by Akiko Hayashi

アイデア1000 ビジネス・クリエイティブ ❯ デザイン系 ❯ Web

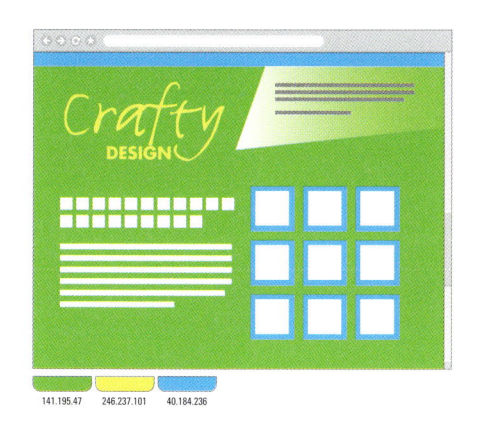

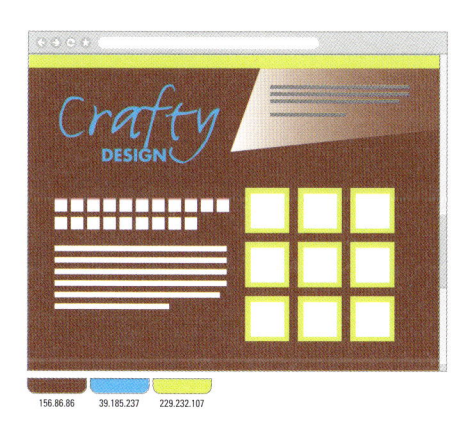

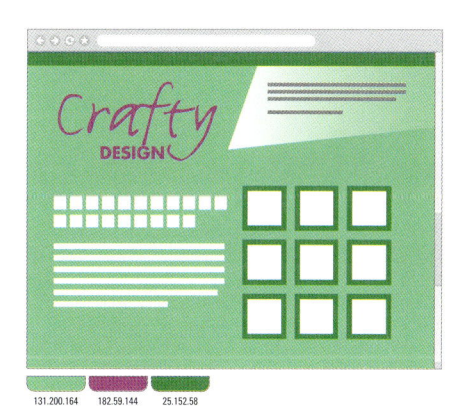

141.195.47　246.237.101　40.184.236

243.151.24　193.221.152　213.110.14

0.24.30　231.158.195　207.19.91

249.249.221　123.143.200　188.219.151

156.86.86　39.185.237　229.232.107

131.200.164　182.59.144　25.152.58

234.87.40　189.223.246　245.225.98

15.107.143　29.183.209　0.47.62

Design by Akiko Hayashi

アイデア1000 ビジネス・クリエイティブ 〉 デザイン系 〉 名刺

アイデア1000 ビジネス・クリエイティブ 〉 デザイン系 〉 名刺

Design by Kumiko Tanaka

06 アイデア1000 学校・医療 > 学校 > パンフレット

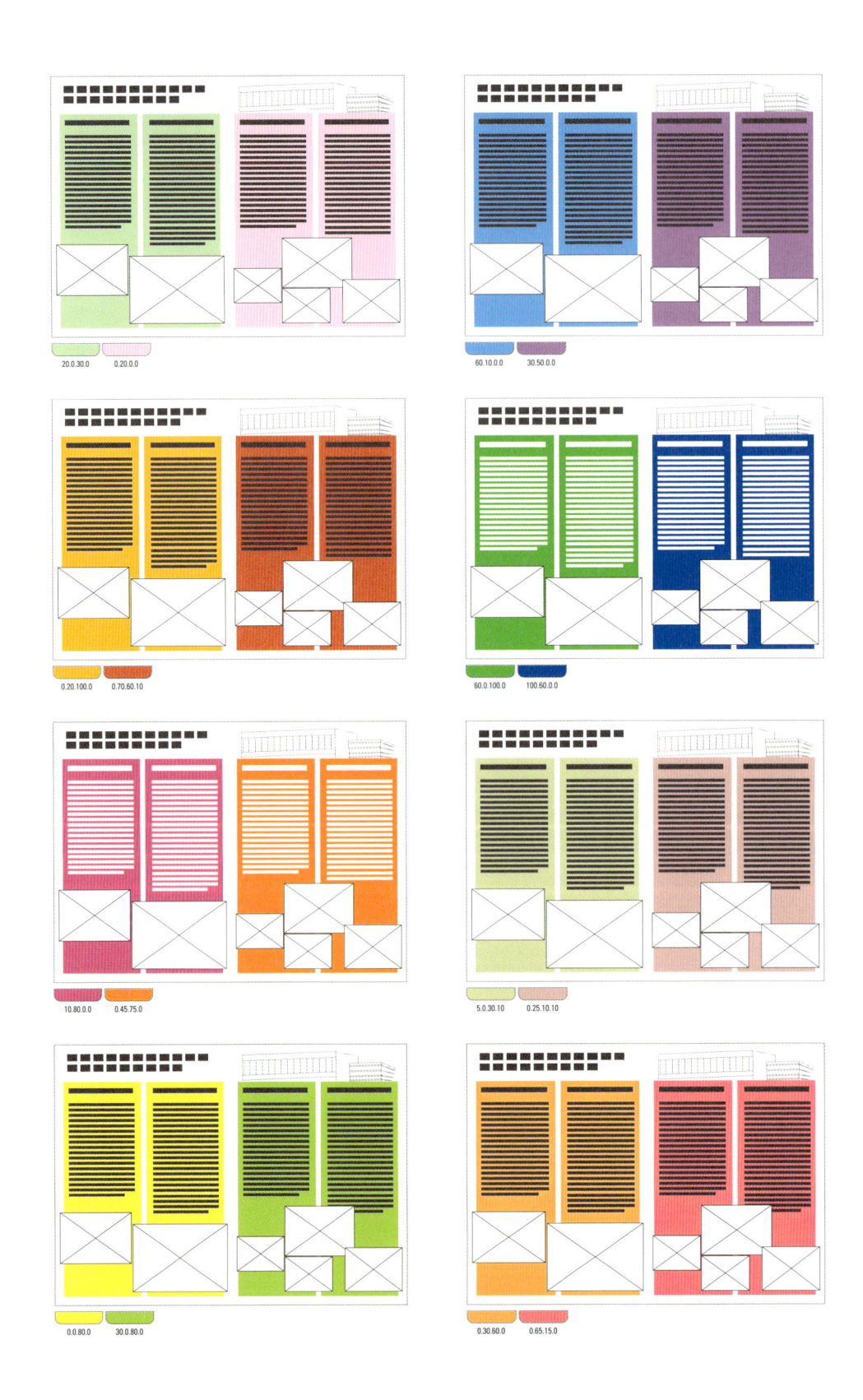

Design by Akiko Hayashi

アイデア1000 学校・医療 > 学校 > Web

Design by Akiko Hayashi

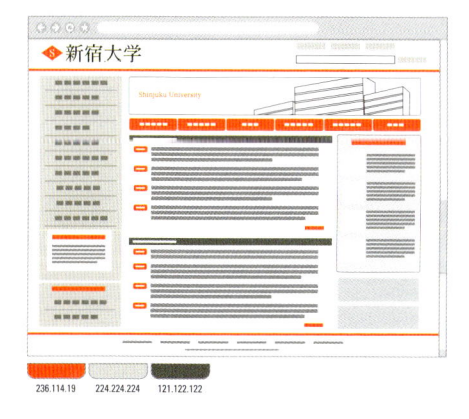

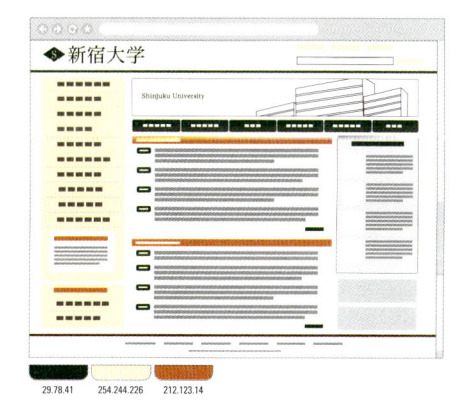

06　アイデア1000　学校・医療 ＞ 塾 ＞ チラシ

102　Design by Kumiko Tanaka

アイデア1000 学校・医療 ＞ 塾 ＞ Web

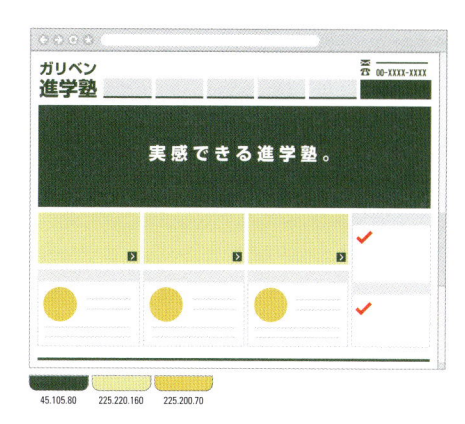

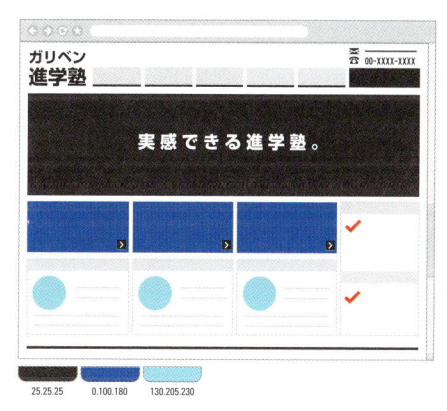

Design by Kumiko Tanaka

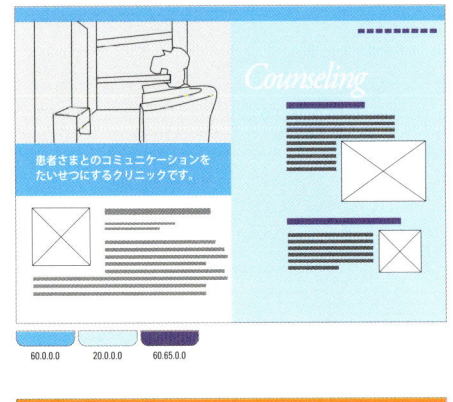

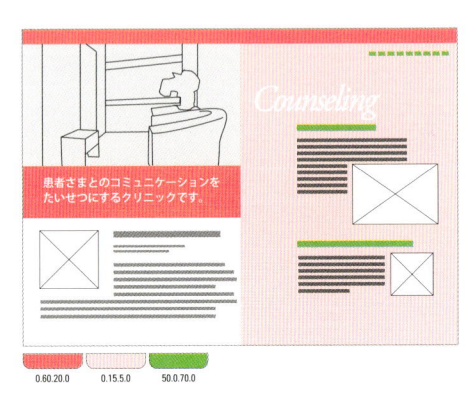

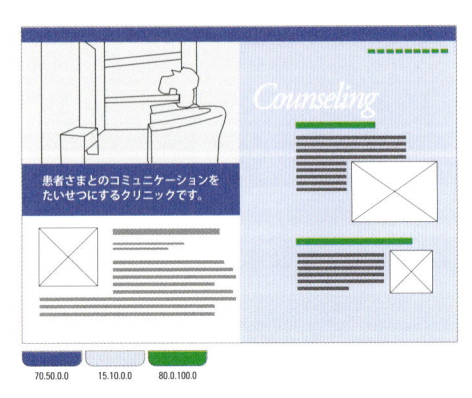

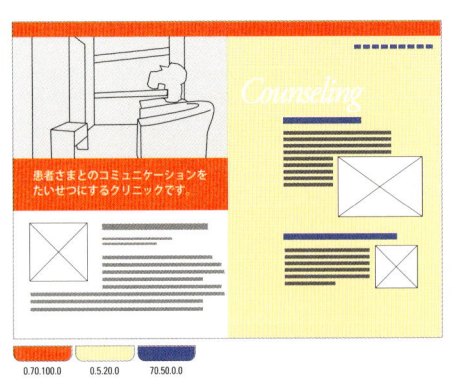

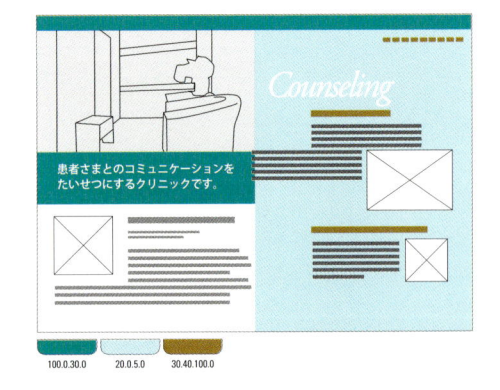

06 アイデア 1000 学校・医療 › 病院 › パンフレット

Design by Akiko Hayashi

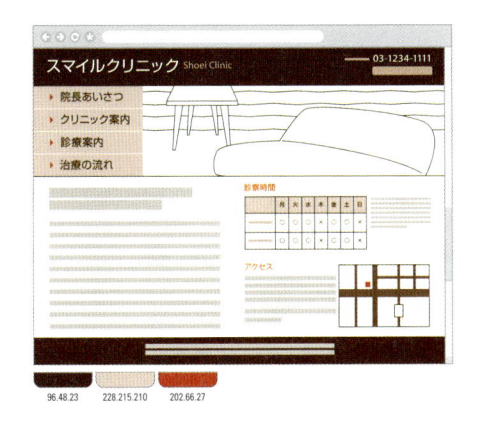

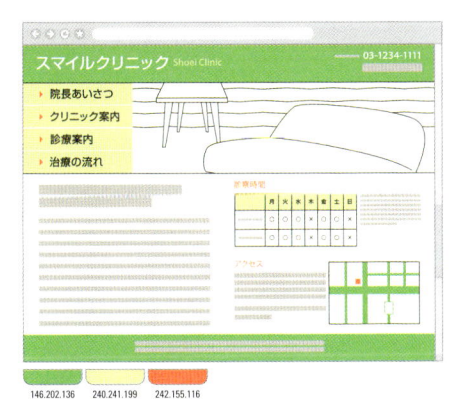

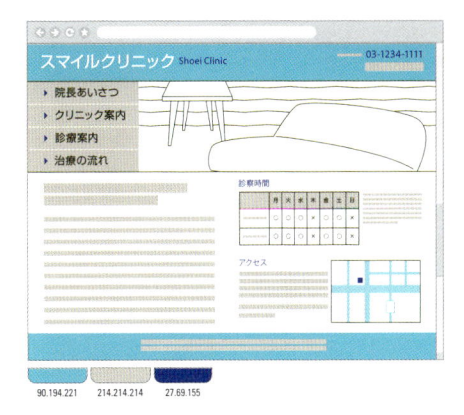

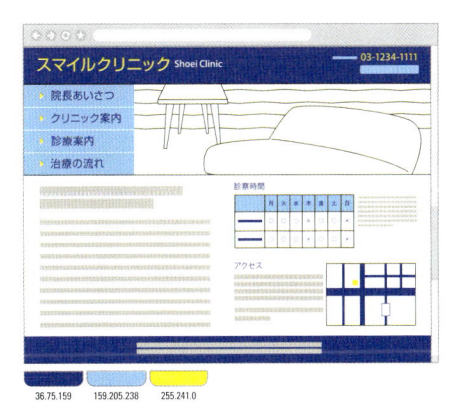

アイデア 1000 学校・医療 > 病院 > Web

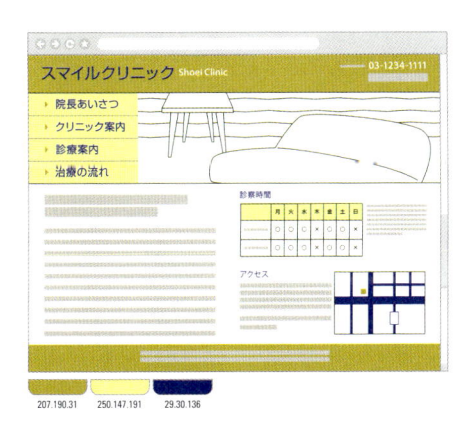

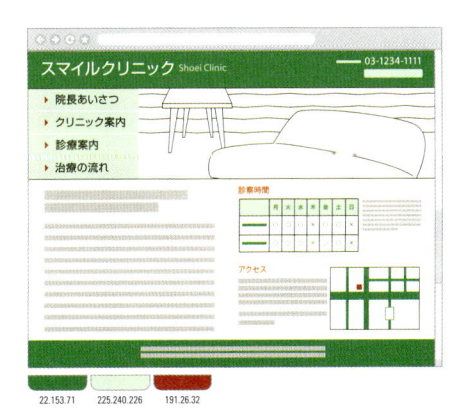

06 | アイデア1000 学校・医療 > 介護施設 > パンフレット

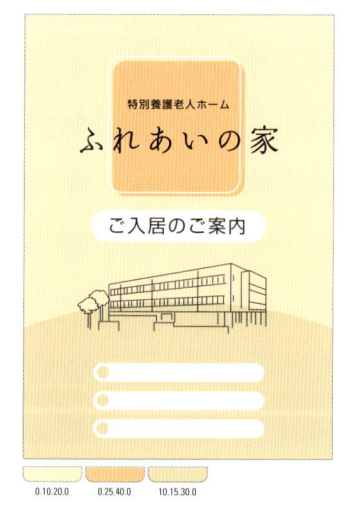

特別養護老人ホーム
ふれあいの家
ご入居のご案内

Design by Kumiko Tanaka

アイデア 1000 学校・医療 > 介護施設 > Web

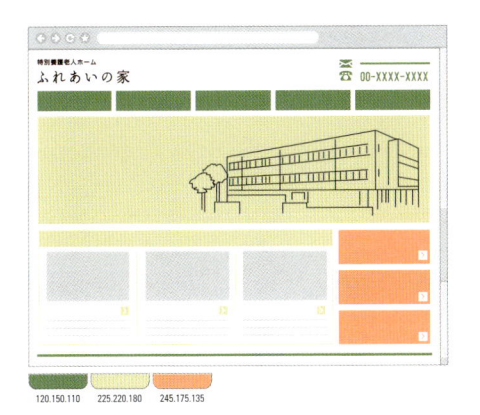

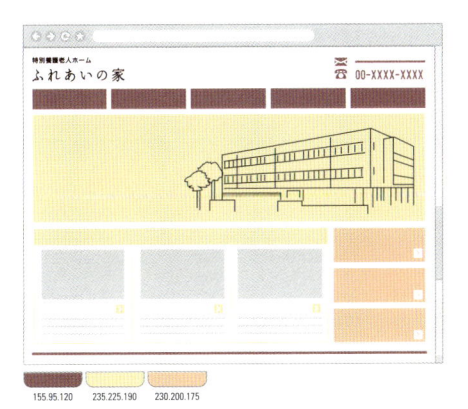

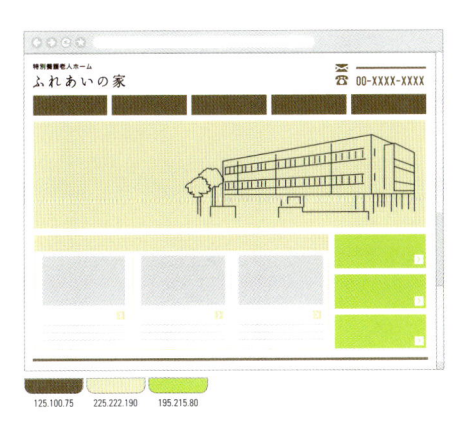

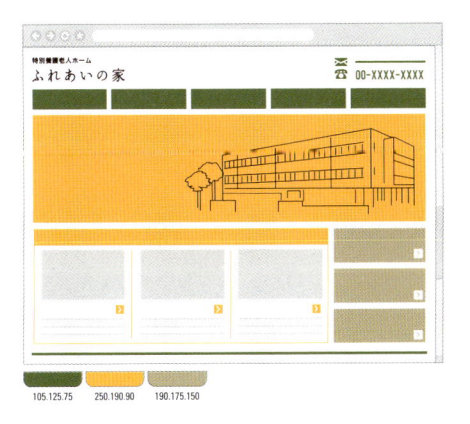

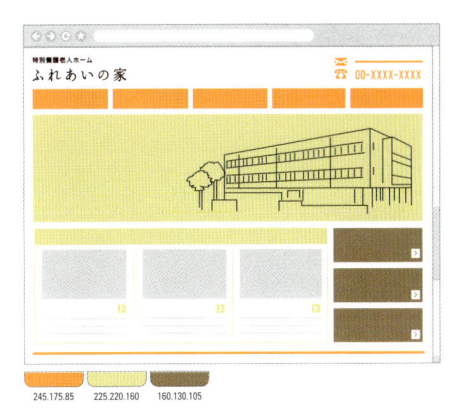

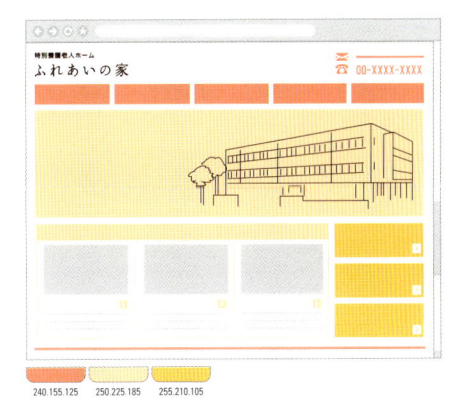

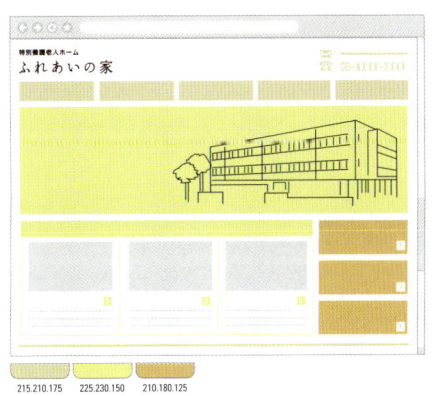

120.150.110　225.220.180　245.175.135

245.175.85　225.220.160　160.130.105

155.95.120　235.225.190　230.200.175

105.170.185　190.225.230　80.150.145

125.100.75　225.222.190　195.215.80

240.155.125　250.225.185　255.210.105

105.125.75　250.190.90　190.175.130

215.210.175　225.230.150　210.180.125

Design by Kumiko Tanaka

07 アイデア 1000 スポーツ・アウトドア > スポーツショップ > ロゴ

motion
OUTDOOR & SPORTS

60.75.100.35　85.40.100.0　0.0.0.100

motion
OUTDOOR & SPORTS

30.25.35.0　50.90.100.0　0.0.0.100

motion
OUTDOOR & SPORTS

85.70.100.10　75.30.30.0　0.0.0.100

motion
OUTDOOR & SPORTS

10.55.55.0　25.70.60.0　70.45.70.0

motion
OUTDOOR & SPORTS

55.10.90.0　90.55.100.30　90.30.40.0

motion
OUTDOOR & SPORTS

0.0.0.100　35.20.75.0　100.30.95.30

motion
OUTDOOR & SPORTS

10.10.35.0　25.45.95.0　90.70.100.30

motion
OUTDOOR & SPORTS

20.50.80.0　80.35.30.0　70.55.100.20

motion
OUTDOOR & SPORTS

25.100.100.0　100.45.100.35　0.0.0.100

Design by Junya Yamada

アイデア 1000 スポーツ・アウトドア > スポーツショップ > ポスター・チラシ・DM

07　アイデア1000 スポーツ・アウトドア 〉 スポーツショップ 〉 Web

110　　　　　　　　　　　　　　　　　　　　　　　　　　　　　　　　Design by Junya Yamada

アイデア 1000 スポーツ・アウトドア 〉 スポーツショップ 〉 ショップカード

Design by Junya Yamada

07 アイデア 1000 スポーツ・アウトドア ＞ アウトドア系ショップ ＞ ロゴ

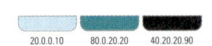

40.0.60.0 60.0.100.20 70.0.20.90	20.0.0.10 80.0.20.20 40.20.20.90	0.10.10.0 40.100.0.10 20.80.0.80
40.0.10.10 100.20.0.20 80.40.0.90	0.20.20.10 0.80.100.10 0.60.60.90	20.0.20.10 80.0.100.40 60.0.40.90
0.10.10.20 0.100.80.20 0.80.40.90	20.0.10.20 80.0.60.40 100.0.60.80	10.0.0.20 60.10.0.20 20.0.0.90
0.0.10.30 60.0.60.40 40.0.40.90	10.0.0.30 40.20.0.40 60.20.0.90	0.10.0.30 0.100.40.10 0.40.0.90

Design by Kouhei Sugie

アイデア1000 スポーツ・アウトドア > アウトドア系ショップ > ポスター・チラシ・DM

Design by Kouhei Sugie

07 アイデア1000 スポーツ・アウトドア ＞ アウトドア系ショップ ＞ Web

Design by Kouhei Sugie

アイデア1000 スポーツ・アウトドア ▶ アウトドア系ショップ ▶ ショップカード

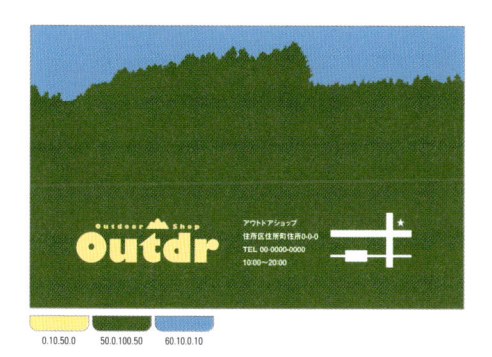

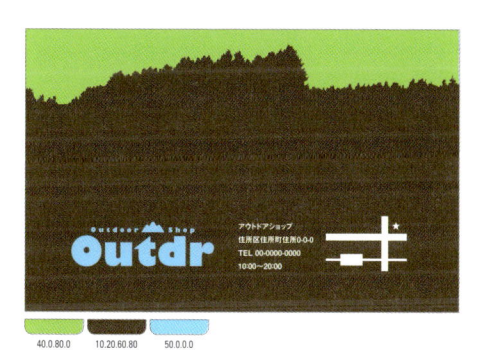

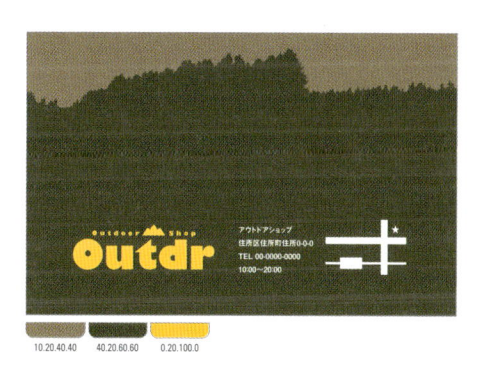

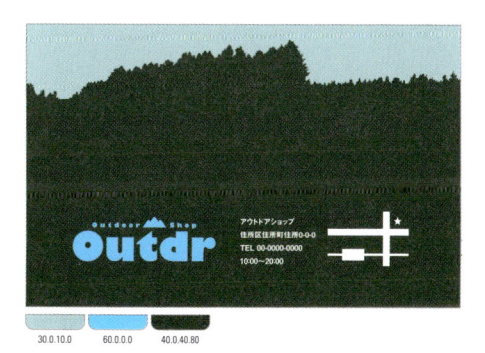

07 アイデア 1000 スポーツ・アウトドア 〉 クルマ 〉 ロゴ

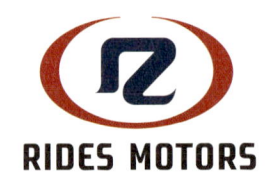

RIDES MOTORS

30.100.90.0 / 0.0.0.20 / 0.0.0.100	85.50.0.0 / 0.0.0.40 / 0.0.0.100	100.100.30.0 / 0.0.0.10 / 0.0.0.100
30.40.60.0 / 40.50.70.15 / 0.0.0.100	30.40.60.0 / 0.0.0.20 / 0.0.0.100	0.0.0.100 / 20.45.80.40 / 0.0.0.60
0.0.0.70 / 50.0.0.0 / 0.0.0.100	85.50.0.0 / 100.100.50.0 / 0.0.0.100	100.0.0.0 / 100.80.25.0 / 0.0.0.100
50.100.100.50 / 20.100.100.20 / 0.0.0.100	100.100.50.0 / 20.100.100.10 / 0.0.0.100	15.100.90.10 / 35.40.80.0 / 0.0.0.100

Design by Hiroshi Hara

アイデア1000 スポーツ・アウトドア ❯ クルマ ❯ ポスター・チラシ

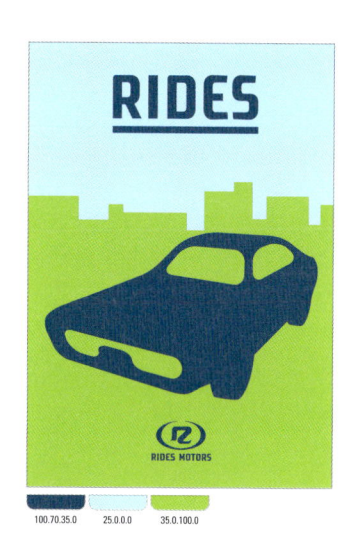

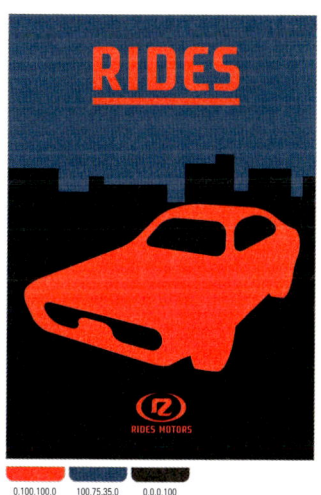

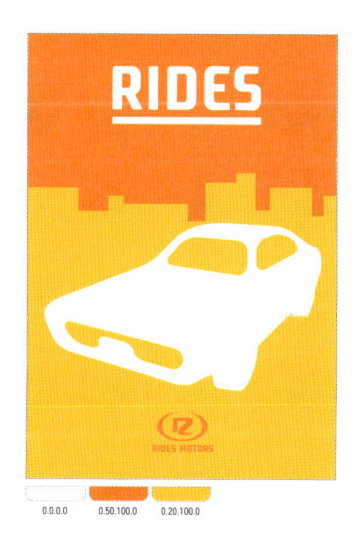

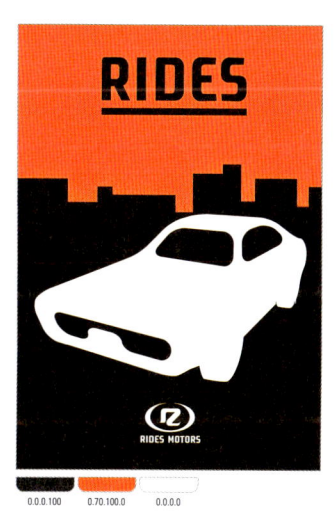

Design by Hiroshi Hara

アイデア 1000 スポーツ・アウトドア ❯ クルマ ❯ Web

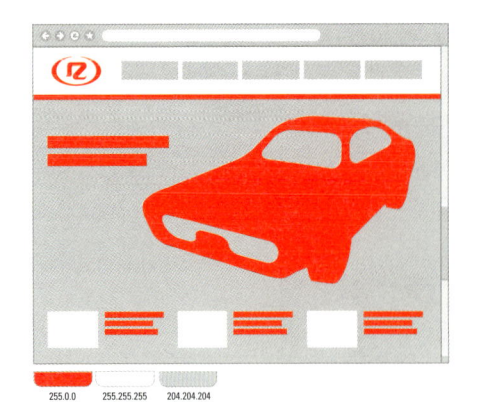

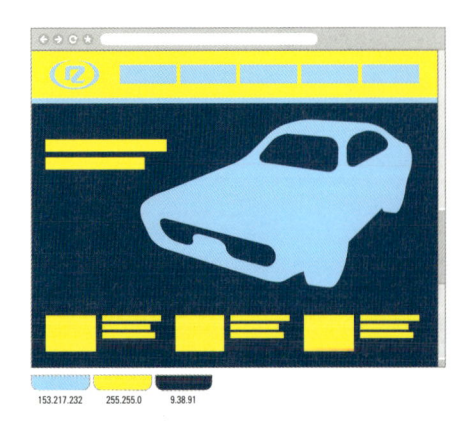

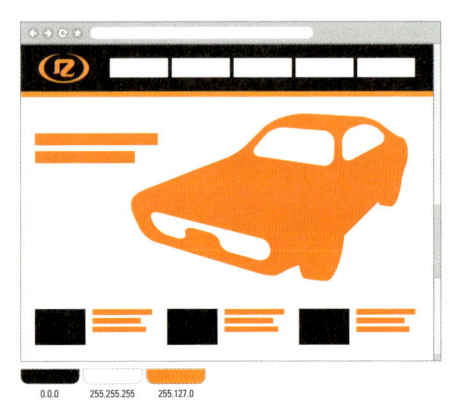

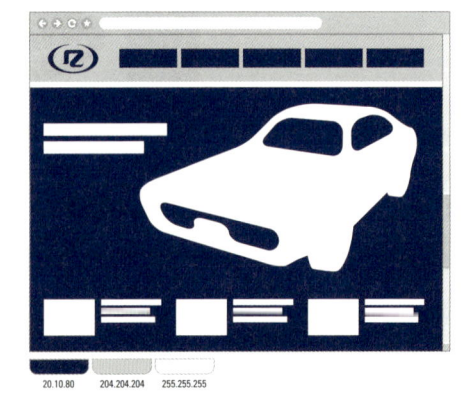

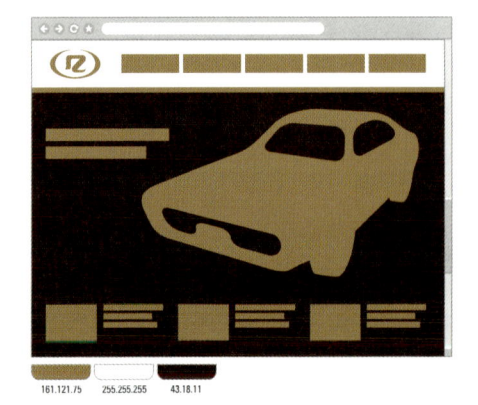

アイデア 1000 スポーツ・アウトドア ❯ クルマ ❯ DM カード

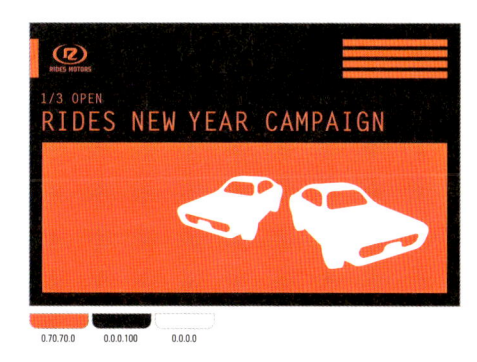

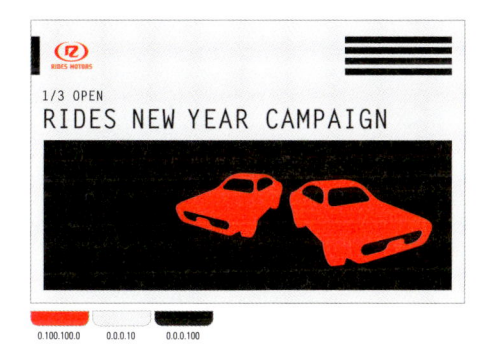

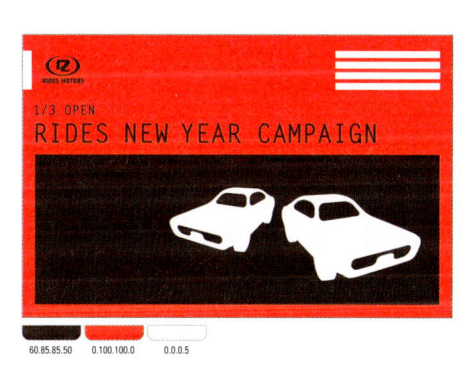

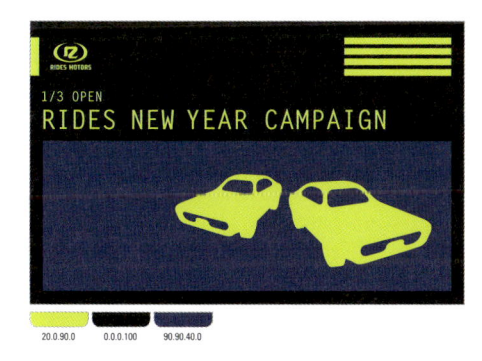

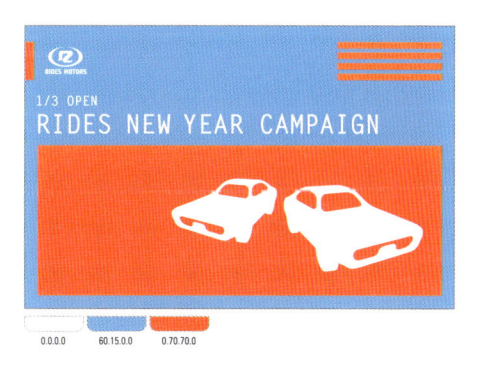

Design by Hiroshi Hara

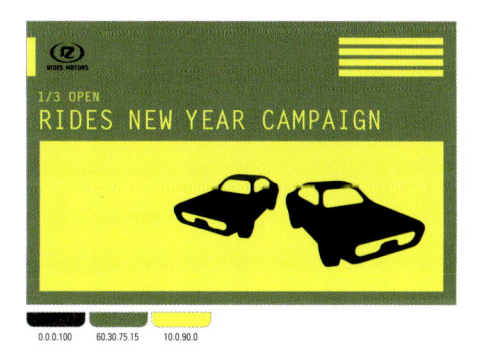

0.100.100.0 0.0.100.0 0.0.0.100

30.100.0.0 0.0.0.100 0.0.0.20

0.0.100.0 0.0.0.0 0.0.0.100

0.0.100.0 0.80.20.0 50.100.0.0

0.0.0.100 75.15.0.0 15.0.100.0

0.0.0.30 0.100.100.0 0.0.0.100

Design by Hiroshi Hara

アイデア1000 映画・音楽・ゲーム 〉 ロック&ポップス 〉 ポスター・フライヤー

Design by Akiko Hayashi

08 アイデア1000 映画・音楽・ゲーム ﹥ ロック&ポップス ﹥ CDジャケット

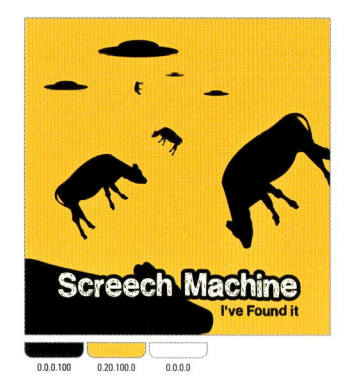

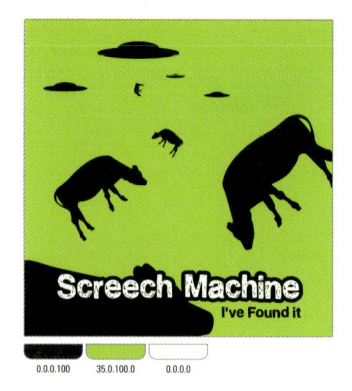

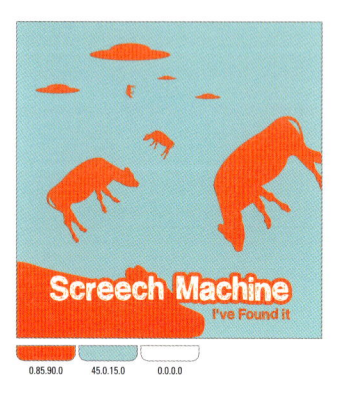

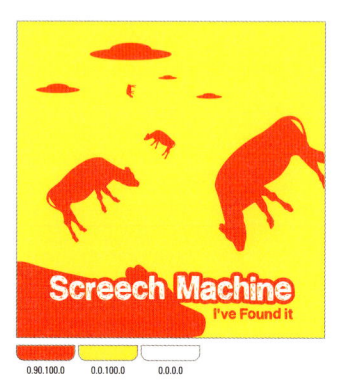

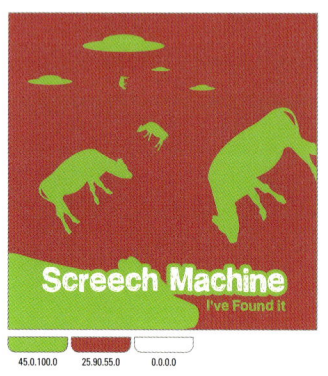

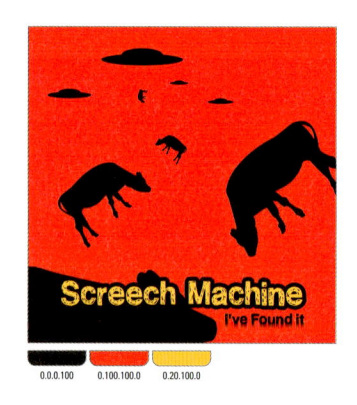

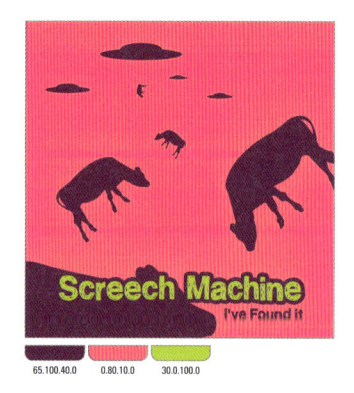

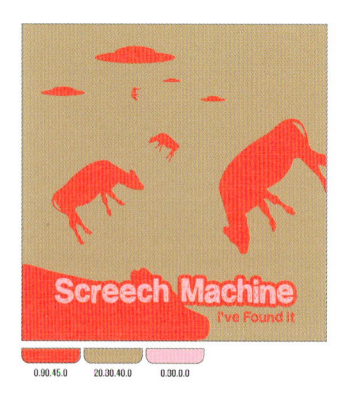

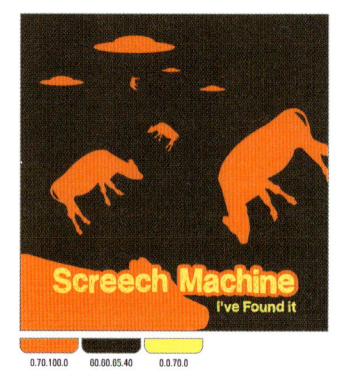

Design by Junya Yamada

アイデア1000 映画・音楽・ゲーム ❯ ロック&ポップス ❯ CDジャケット

Design by Kumiko Tanaka

08 アイデア1000 映画・音楽・ゲーム ＞ クラブ・ダンス ＞ ポスター・フライヤー

Design by Junya Yamada

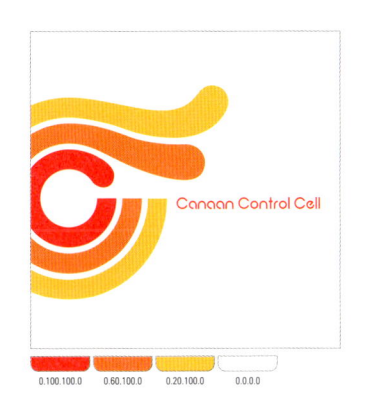

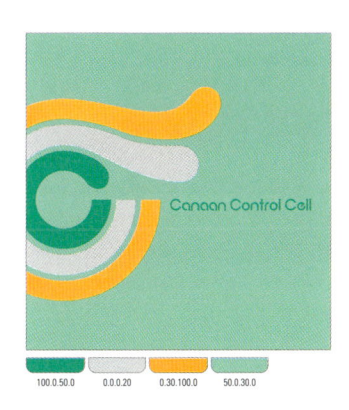

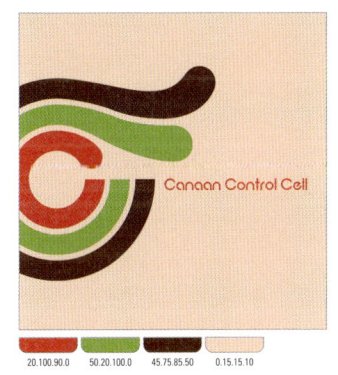

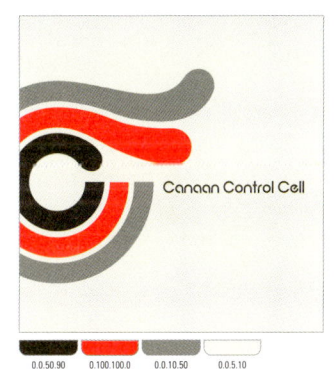

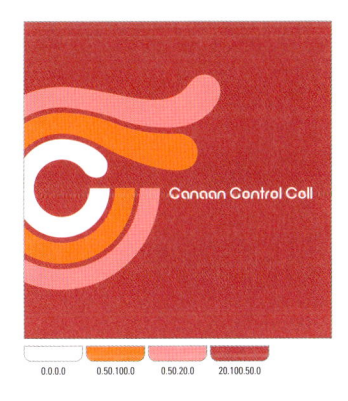

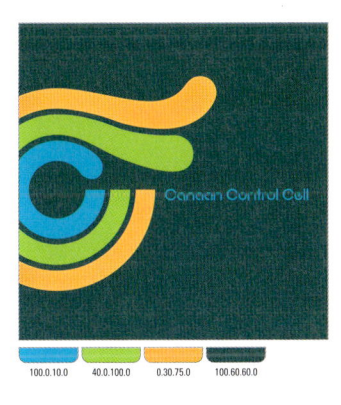

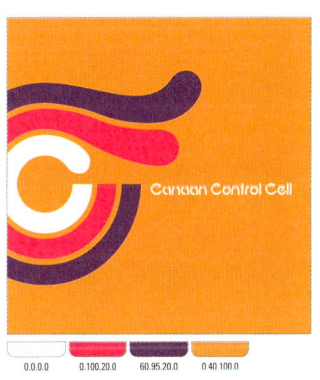

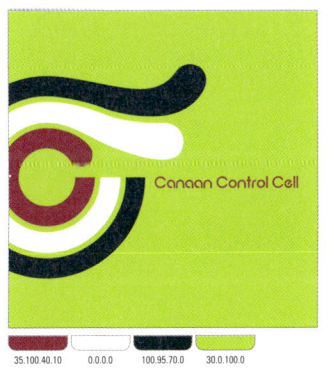

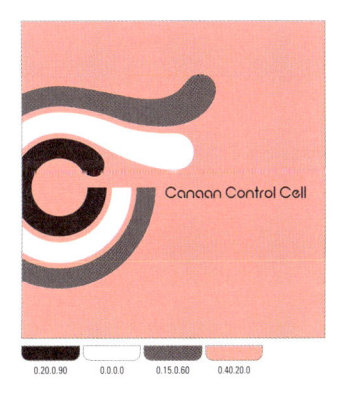

アイデア1000 映画・音楽・ゲーム 〉 クラブ・ダンス 〉 CDジャケット

08 アイデア1000 映画・音楽・ゲーム ＞ ワールド・レゲエ ＞ ポスター・フライヤー

126

Design by Akiko Hayashi

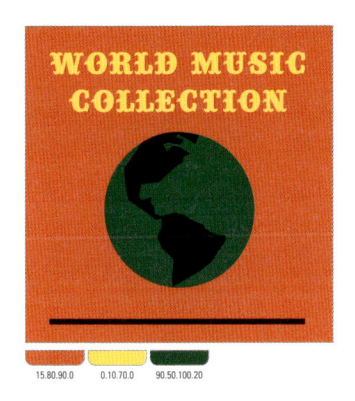

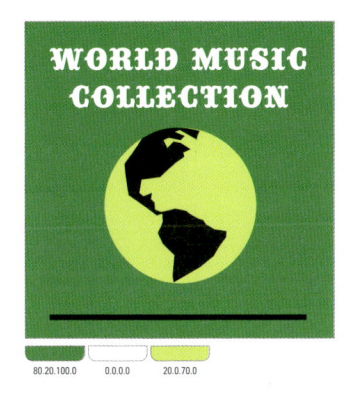

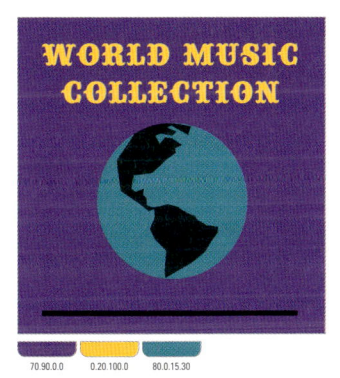

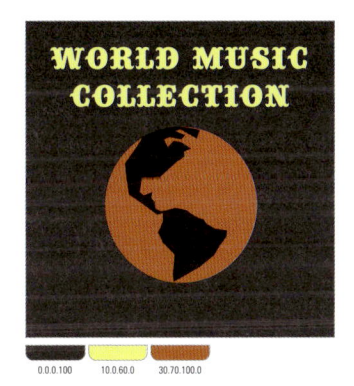

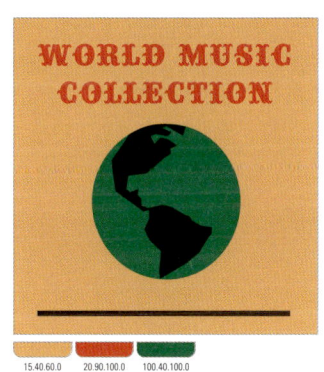

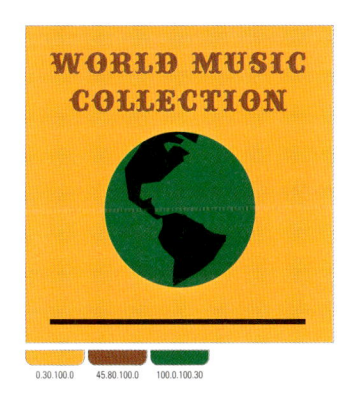

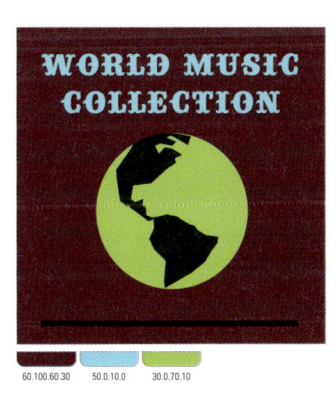

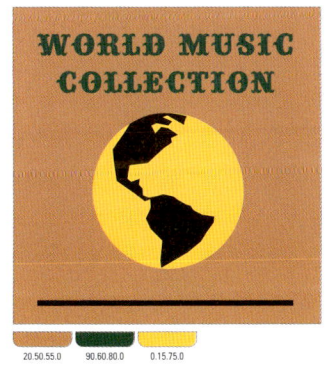

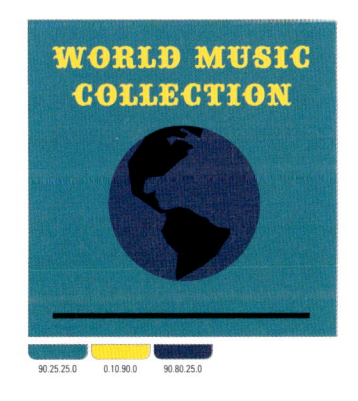

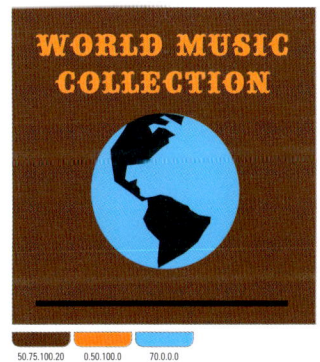

アイデア 1000 映画・音楽・ゲーム 〉 ワールド・レゲエ 〉 CD ジャケット

Design by Akiko Hayashi

アイデア1000 映画・音楽・ゲーム 〉 ジャズ 〉 ポスター・フライヤー

Design by Hiroshi Hara

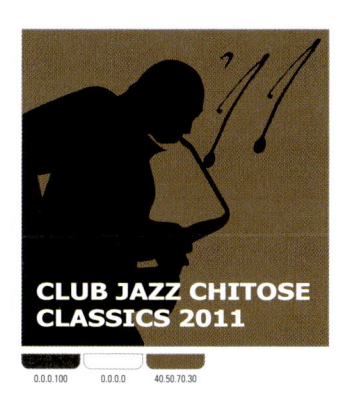

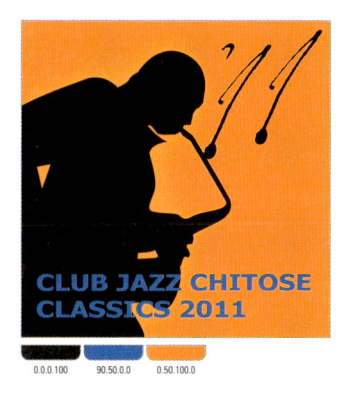

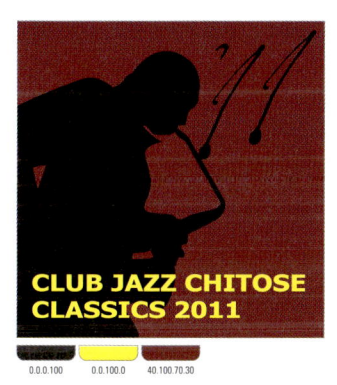

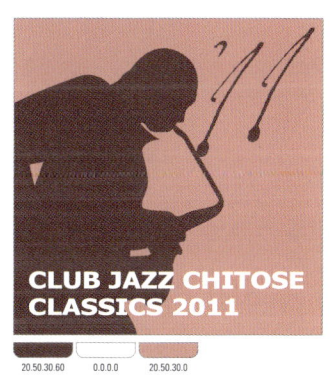

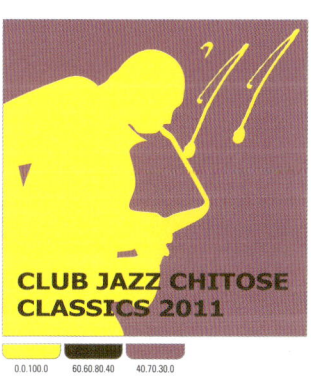

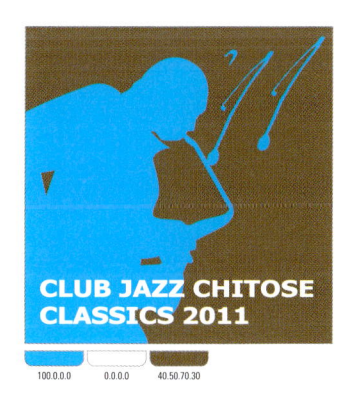

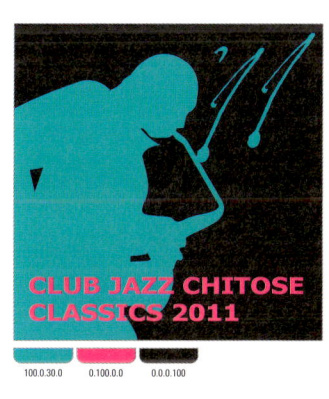

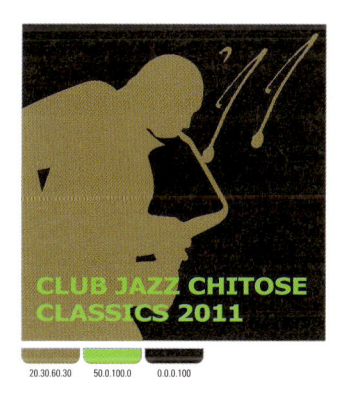

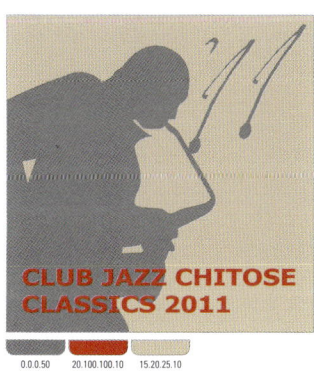

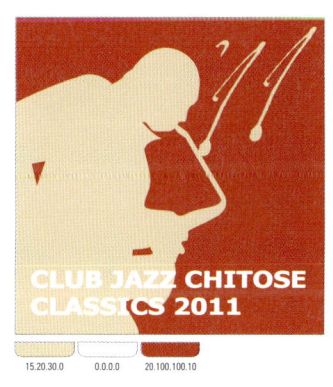

アイデア 1000 映画・音楽・ゲーム 〉 ジャズ 〉 CD ジャケット

Design by Hiroshi Hara

08 | アイデア1000 映画・音楽・ゲーム ＞ クラシック ＞ ポスター・フライヤー

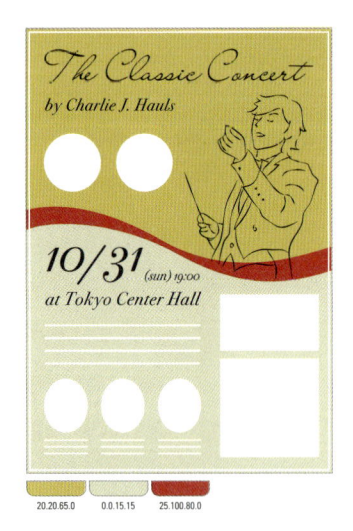

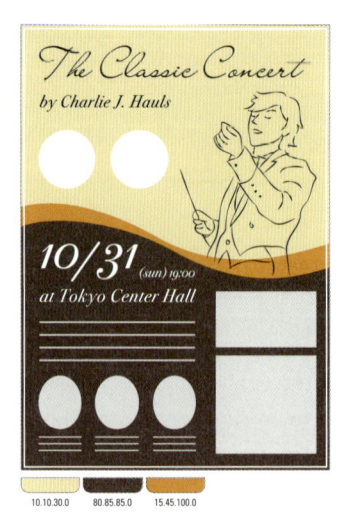

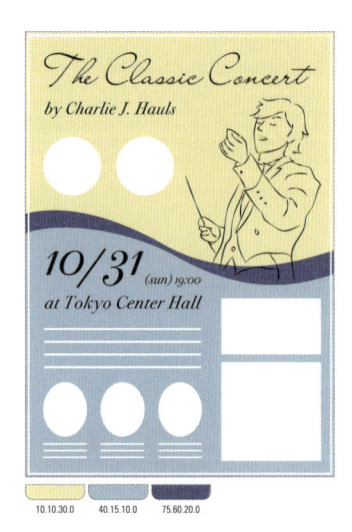

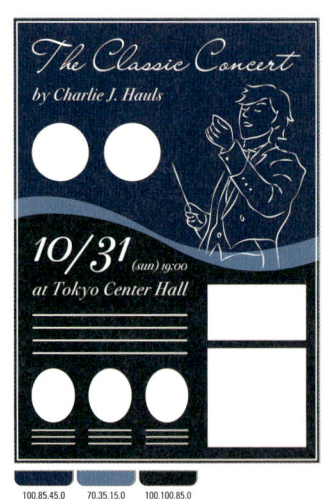

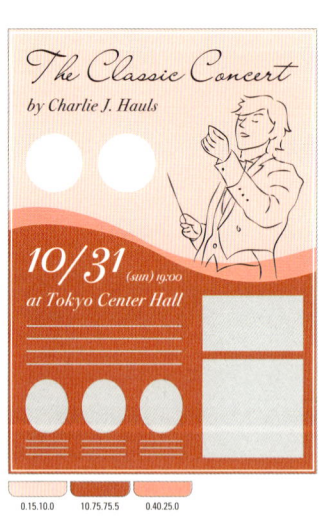

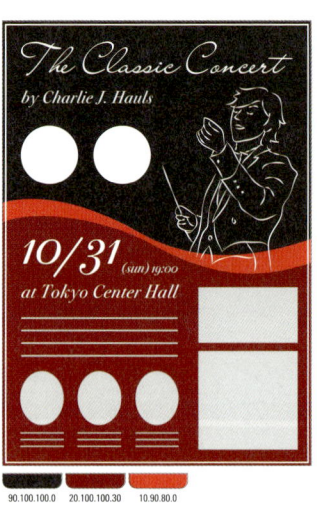

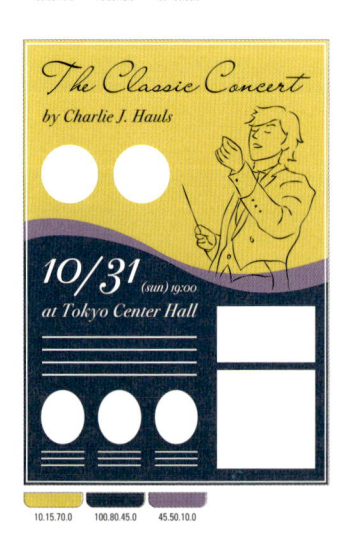

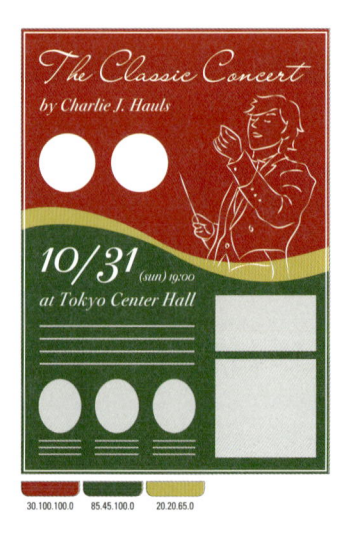

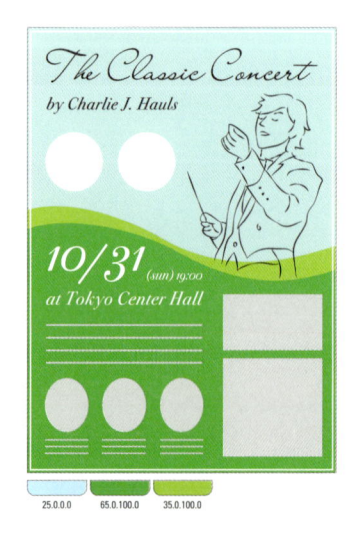

130　Design by Kumiko Tanaka

アイデア1000 映画・音楽・ゲーム ❯ クラシック ❯ CDジャケット

10.0.20.0　25.20.45.0　40.100.80.0	70.90.70.0　0.10.25.0　15.20.60.0	0.20.75.0　40.35.65.0　55.90.70.0
100.70.65.0　35.10.15.0　25.35.80.0	20.15.40.0　0.0.70.50　55.100.65.0	65.80.40.0　20.40.25.0　0.10.0.0
0.0.0.0　55.90.70.0　40.35.65.0	5.5.20.0　45.10.100.0　80.30.100.0	10.90.45.20　0.0.0.100　25.20.45.0
45.50.60.0　10.15.30.0　80.100.85.0	10.10.40.0　50.55.75.0　100.70.20.0	100.45.60.0　20.55.100.0　10.20.40.0

Design by Kumiko Tanaka

08 | アイデア1000 映画・音楽・ゲーム 〉恋愛映画 〉ポスター・フライヤー

132 Design by Junya Yamada

アイデア1000 映画・音楽・ゲーム 〉 恋愛映画 〉 Web

Design by Kumiko Tanaka

08 | アイデア1000 映画・音楽・ゲーム ＞ アクション映画 ＞ ポスター・フライヤー

アイデア 1000 映画・音楽・ゲーム 〉 アクション映画 〉 Web

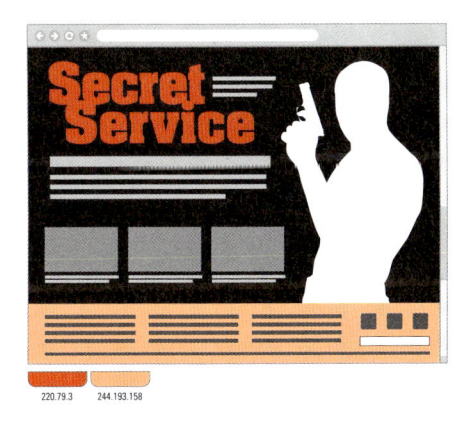

08 | アイデア1000 映画・音楽・ゲーム > SF映画 > ポスター・フライヤー

136　　Design by Akiko Hayashi

アイデア1000 映画・音楽・ゲーム ❯ ホラー映画 ❯ ポスター・フライヤー

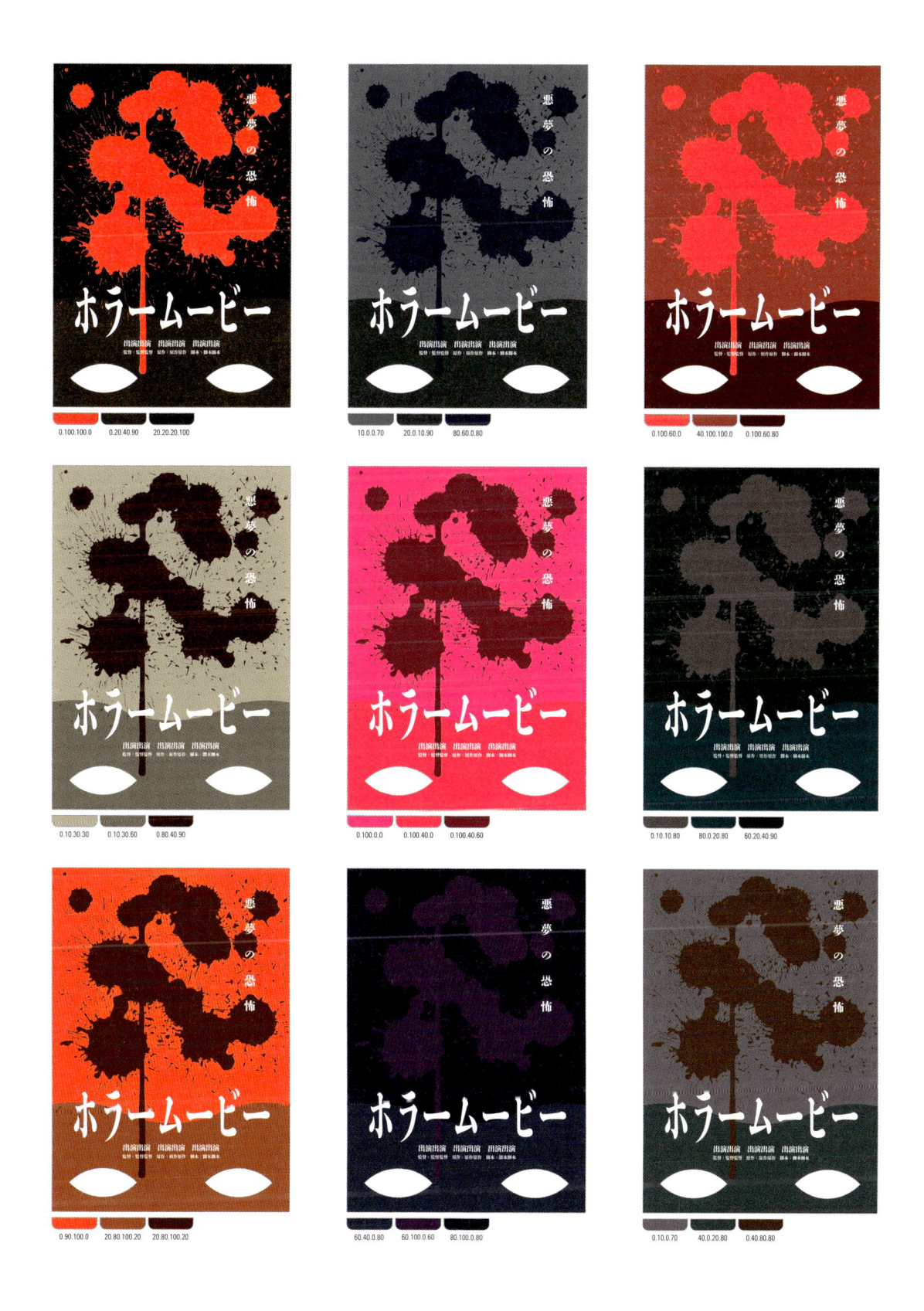

Design by Kouhei Sugie

08

アイデア 1000 映画・音楽・ゲーム ＞ アニメ ＞ Web

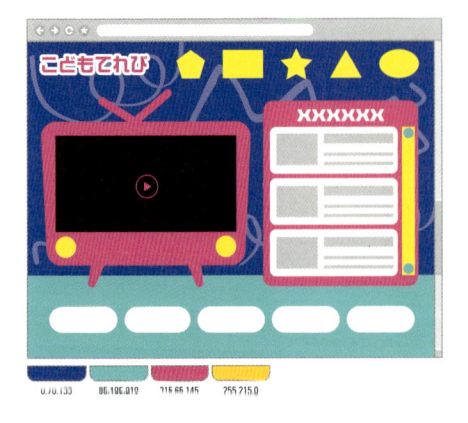

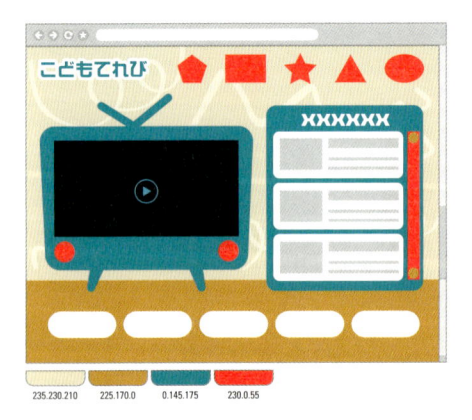

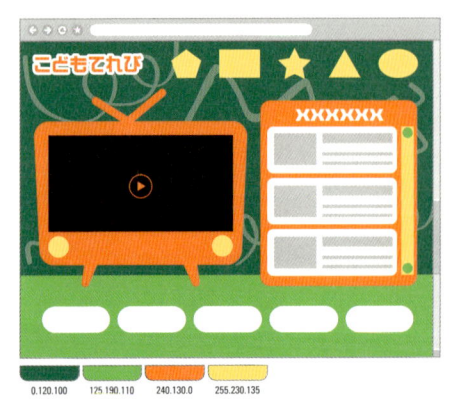

138　　　　　　　　　　　　　　　　　　　　Design by Kumiko Tanaka

アイデア1000 映画・音楽・ゲーム > ゲーム > Web

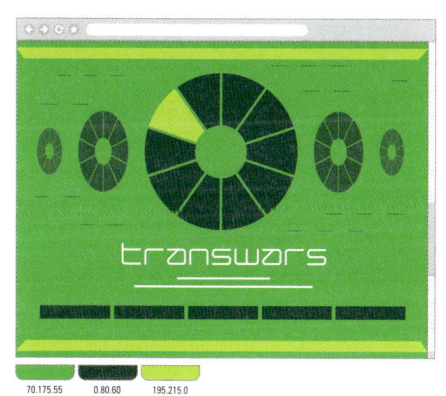

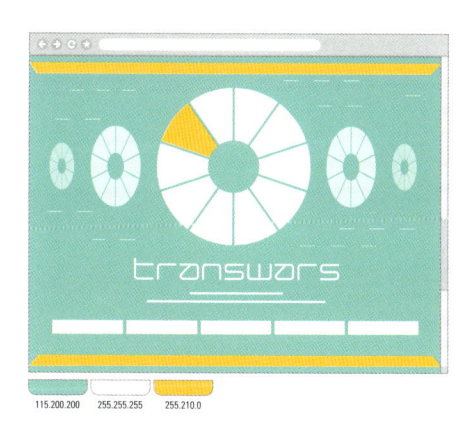

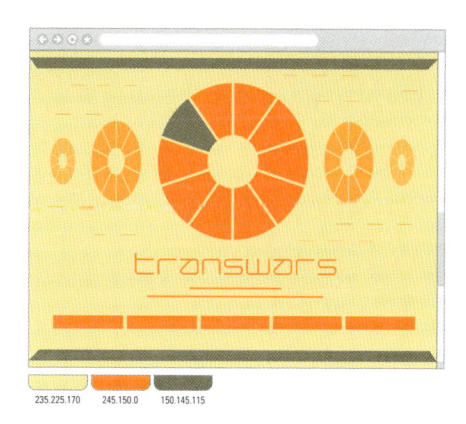

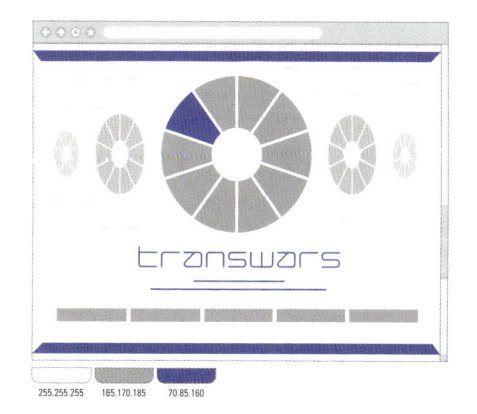

Design by Kumiko Tanaka

139

08 アイデア1000 映画・音楽・ゲーム ＞ アートイベント ＞ ポスター・フライヤー

Design by Hiroshi Hara

アイデア1000 映画・音楽・ゲーム ❯ アートイベント ❯ DM カード

Design by Junya Yamada

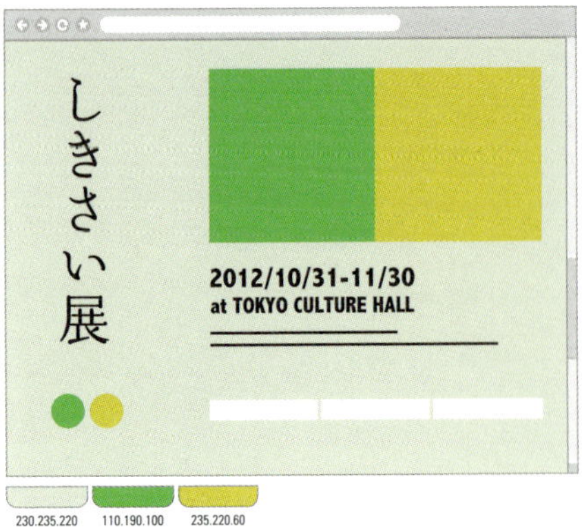

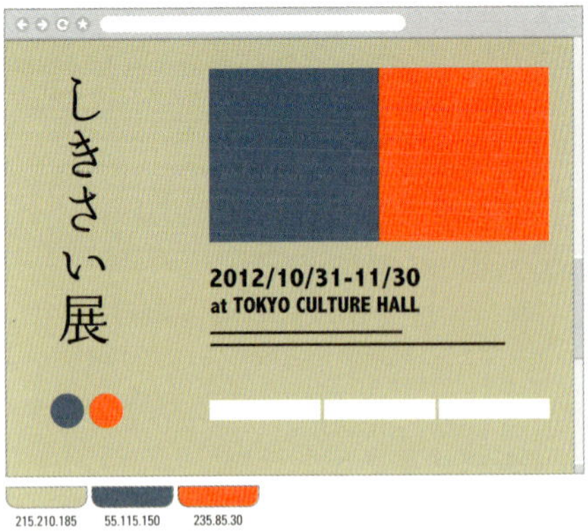

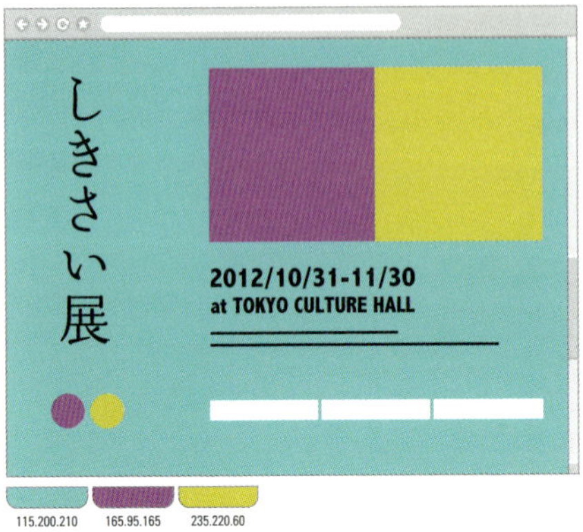

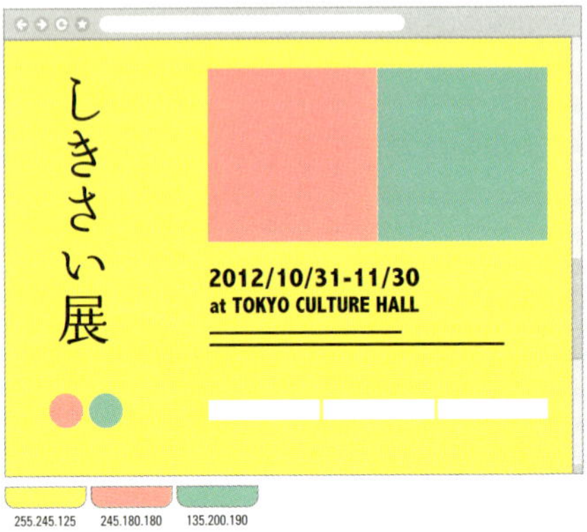

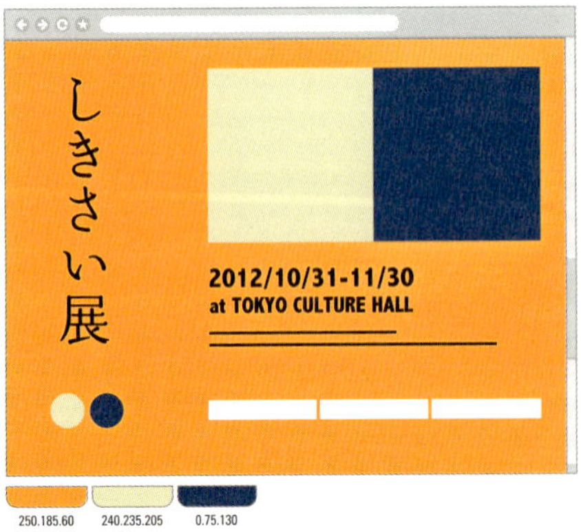

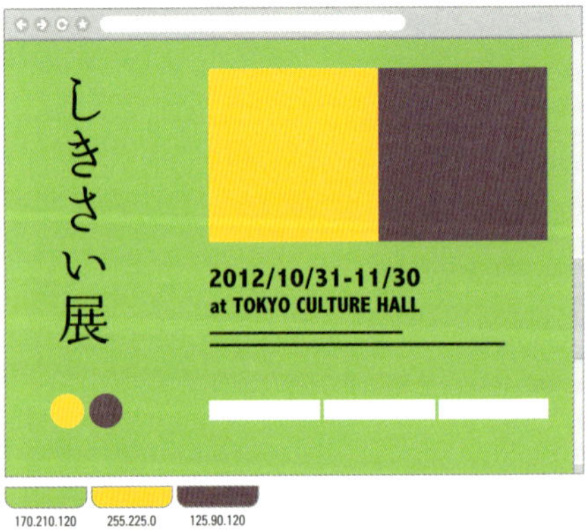

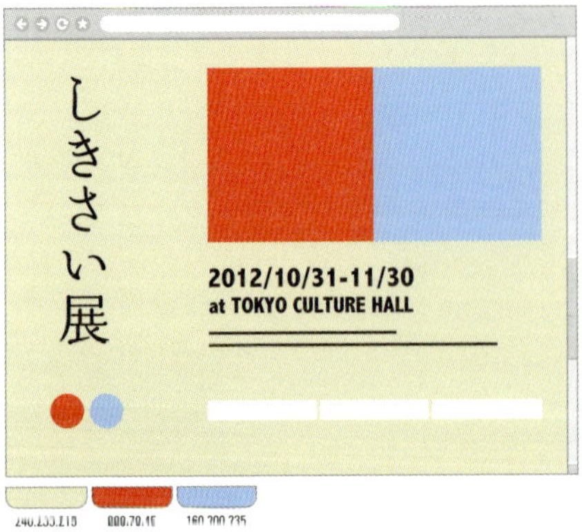

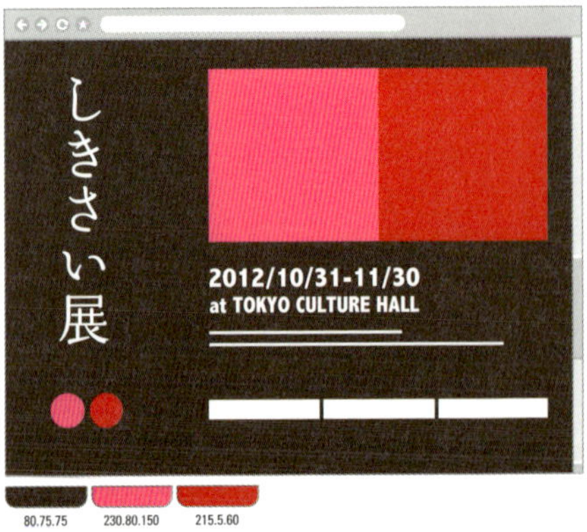

Design by Kumiko Tanaka

Profile

杉江 耕平
グラフィックデザイナー。1972年生まれ。共編著に『デザイン素材集 フレーム&レトロ』『デザイン素材集 空&雲』(誠文堂新光社)『アンティーク素材集 私の手芸箱』(翔泳社)などがある。
http://sugihei.com/

田中クミコ
奈良県在住のウェブデザイナー。2000年よりフリーランスにて活動開始。主にコーポレートサイトの制作や女性向けコンテンツのページデザインを手がける傍ら、ウェブ専門誌やデザイン関連書籍での執筆活動も行う。媒体を問わず "伝わるデザイン" とは何かを日々模索しながら1歳半の息子と格闘中の36歳。
http://www.19760203.com/

ハラ ヒロシ
1975年生まれ、長野市在住。ウェブディレクター・デザイナー。(有)デザインスタジオ・エル常務取締役。web creators、MdN、MdNデザイナーズファイル2004、Web年鑑2001、月刊Web DESIgN(韓国の専門誌)、デジスタ Vol.1 などに掲載。著書に『クリエイターのための3行レシピ ポストカードデザイン Illustrator&Photoshop』(翔泳社)など。
http://www.ultra-l.net/

ハヤシ アキコ
東京の生活に飽きた今年から三重県に移住。東京や海外とリモートで仕事をこなすグラフィック・ウェブデザイナー。個性ある色使いに定評があり、印刷物やウェブサイトはもちろん、携帯端末やスマートフォンのUIデザインも手がける。ポートフォリオとブログはこちら
http://akikohayashi.com/

ヤマダ ジュンヤ
グラフィックデザイナー。2000年よりフリーランスとして活動。広告、ロゴデザイン、パッケージデザイン、各種グッズデザインを手がけるほか、著書に『クリエイターのための3行レシピ ロゴデザイン Illustrator』(翔泳社)、『Illustrator CS2 デザインスクール for Win & Mac』(MdN)、共著書に『Illustrator CS5 逆引きデザイン事典 PLUS』、『レイアウト・デザインのアイデア1000』(共に翔泳社)などがある。
http://www.ch67.jp/

DESIGNER：宮嶋 章文
EDITOR：本田 麻湖
DTP：杉江耕平

配色デザインのアイデア1000

2012年5月10日　初版第1刷発行

著者	杉江 耕平、田中 クミコ、ハラ ヒロシ、ハヤシ アキコ、ヤマダ ジュンヤ
発行人	佐々木 幹夫
発行所	株式会社翔泳社 (http://www.shoeisha.co.jp)
印刷・製本	株式会社廣済堂

©2012 Kouhei Sugie, Kumiko Tanaka, Hiroshi Hara, Akiko Hayashi, Junya Yamada

＊本書は著作権法上の保護を受けています。本書の一部または全部について、株式会社 翔泳社から文書による許諾を得ずに、いかなる方法においても無断で複写、複製することは禁じられています。
＊本書へのお問い合わせについては、2ページに記載の内容をお読みください。
＊落丁・乱丁はお取り替えいたします。03-5362-3705 までご連絡ください。

ISBN978-4-7981-1548-1　Printed in Japan.